# 睡眠学习法

冉求求　孟　尧◎著

人民邮电出版社

北京

**图书在版编目（CIP）数据**

睡眠学习法 / 冉求求，孟尧著. -- 北京 ：人民邮
电出版社，2024.4
ISBN 978-7-115-63826-7

Ⅰ. ①睡… Ⅱ. ①冉… ②孟… Ⅲ. ①学习方法
Ⅳ. ①G442

中国国家版本馆CIP数据核字(2024)第050355号

## 内 容 提 要

本书结合作者自身的学习经历和研究成果，系统介绍了睡眠学习法（SLEEP学习法）。这套学习法能够帮助学生摆脱低效的学习模式，实现劳逸结合，用更少的时间，轻松取得好成绩。作者通过践行这种方法，由"学渣"成长为"学霸"，考入名校，并且帮助了很多学习成绩落后的同学提升成绩。

本书分成5章，每章介绍睡眠学习法的一个关键点，主要内容包括：如何通过睡眠和劳逸结合实现高效学习；设计高效课业学习过程，采取有意识学习的策略提升成绩；适用于不同学科提升学习效率的方法和技巧；用好评估和复盘发现薄弱环节，制定更适合自己的学习策略；积极主动的学习行为，让学习变得轻松愉快。

本书适合期望取得好成绩的学生、因孩子学习问题而焦虑的家长、学习时间很长却没见成效的人、想花少量时间取得较大学习成果的人阅读。

◆ 著　　　　冉求求　孟 尧
　　责任编辑　郭　媛
　　责任印制　王　郁　周昇亮

◆ 人民邮电出版社出版发行　　北京市丰台区成寿寺路 11 号
　　邮编　100164　　电子邮件　315@ptpress.com.cn
　　网址　https://www.ptpress.com.cn
　　河北京平诚乾印刷有限公司印刷

◆ 开本：880×1230　1/32
　　印张：7.75　　　　　　　　　　2024 年 4 月第 1 版
　　字数：121 千字　　　　　　　2024 年 4 月河北第 1 次印刷

定价：49.80 元

读者服务热线：**(010)81055296**　印装质量热线：**(010)81055316**
反盗版热线：**(010)81055315**
广告经营许可证：京东市监广登字 20170147 号

## 让我睡好、玩好、学好的 SLEEP 学习法

学习这事，我是到了初中才开窍的。

我是那种学起来很拼命，玩起来也不拘谨的人。小学时，我觉得自己有大把时间可以边玩边学，总是能游刃有余地完成作业，成绩也不差。然而初中的学习强度远远超出了我的预期，从小学的轻松氛围突然跳跃到初中紧张的学习环境，我感受到前所未有的压力。

每天放学回家，我都要面对堆积如山的作业。写完作业后，仿佛还有"成吨"的预习和复习在等着我。语文课文背不下来，数学题目复杂难解，英语词汇量急剧增加，物理化学晦涩难懂，历史、地理、生物知识琐碎而繁杂，记不住。

我经常要熬到深夜才能应付所有学习任务，可对学业的付出并没反映在我的成绩上。那时候很怕看成绩单，因为会让我产生深深的挫败感。成绩下滑让我感觉焦虑，心中总是充斥着失落和无助。看到班上的同学似乎都在逐渐适应新的学

习节奏，而我却感觉自己被落下了。

我发现在课堂上自己有点跟不上老师的讲课节奏，有时候一不留神，就在听课的途中找不到"路"了。周围同学纷纷举手发言，我却一脸茫然。

那段时间，我每天要花费大量时间埋头在书本和笔记中，生活几乎完全被学习占据，熬夜成了常态。然而，尽管我付出了这么多的努力，成绩却始终没有显著提高。

到了夜深人静时，我在书桌前的状态是持续煎熬和痛苦挣扎的。在面对那些难解的数学题时，我常进入放空状态，一坐就是 1 小时。我越是想要集中精力解题，疲惫的身体和紊乱的思绪让我越发难以专注。

有时候凌晨两点累倒在床上，却翻来覆去，睡不着觉。

我本来不讨厌学习，但那时候真是对学习产生了恐惧。本来我是怀着憧憬和家人的期许升入初中，却没想到在升入初中后曾经的自信和快乐似乎就开始离我而去。

晚上睡不好，白天学不好；白天学不好，晚上又睡不好——这成了一种恶性循环。每当想到明天又是艰难的一天，我的内心就充满了焦虑和无奈。

有一天，我无意中看到一句话："如果你每天都在做和昨天一样的事，就不要期待不一样的未来。"这话可说进我心窝子里了。这会不会是我解决当前困境的关键所在呢？不过，这也只是思路，如何具体实施呢？

　　我想，要打破这种状态，首先要打破当前的恶性循环。怎么打破呢？我一开始也不知道，冒出来的第一个想法就是先睡个囫囵觉。那天晚上我该写的作业没写完，该背的课本也没背完，但我想既然要改变，就从现在开始吧。我看了一会儿书后，就什么都不管安心入睡了。

　　第二天醒来，除了精神比之前好多了，似乎也没什么变化。但因为有了精神，上课时注意力好像比以前更集中了，物理老师讲的我虽然还是听不太懂，但记笔记能跟得上了。语文课文虽然没背下来，但我隐约能记起睡前看过的那部分。

　　白天过去了，晚上的作业、预习和复习时间似乎也更高效了，虽然谈不上游刃有余，但比之前明显好很多。当天晚上睡前我还有没完成的学习任务，但我仍然准点睡觉，保证自己有充足的睡眠。

　　就这样持续了两周，神奇的事情发生了，我感觉自己每天精神焕发，这是我许久没有过的感觉。我发现自己的学习效率变得更高了，我开始调整学习计划，每天不再是漫无目的、无休止地学习，而是有选择地专注于重点难点，同时给自己足够的休息时间。

　　这时我意识到一件事，也许**效率才是学习的关键，**

而非时间。我开始刻意去找一些介绍学习方法的图书来看，也与当时班里的学霸们讨论他们有哪些好的学习方法。

渐渐地，我摸索出一套属于自己的高效学习方法。我在学习上耗费的时间比以前短了，成绩反而越来越好了，甚至每天都有了属于自己的休闲娱乐时间。我选择用这段时间听听音乐、看看书、写写日记、打打篮球，大脑得到了休息和放松。

每晚都有充足的睡眠，我感到自己的身体更加健康，心情变得更加愉悦，自信逐渐回来了，我发现自己越来越快乐。如今回头看，快乐，对于学习来说可太重要了。

如果那时候我一直困在那个恶性循环里，成绩差是一方面，另一方面是我会越来越讨厌学习。

这种对学习的厌恶可能会持续到我长大、变老，跟着我走过一生。只有喜欢学习的人才懂什么叫终身学习。那些小时候被学习"伤害"过的人，很可能走向了反面。

后来，我持续践行自己发现的高效学习法，成了周围人口中的"学霸"。我同桌给我取了个外号：三好学生——每天都能够睡好、玩好、学好的学生。

我高考成绩全市第八，考入了暨南大学对外汉语专业。其实，我高考发挥有点失常，否则以当时的水平或许是可以考入清华大学或北京大学的。

本科毕业后，我考入美国哥伦比亚大学心理咨询专业读研究生。

除了对心理学感兴趣外，我也对教育学非常感兴趣。凭借着高效的学习方法，我一边在哥伦比亚大学读研，一边考取了美国佛罗里达大学双语教育专业的硕士。

研究生毕业后，我考入了中国某医科类大学并攻读医学心理博士，在这里有幸认识了孟尧。孟尧也是个学霸，她从事睡眠研究近 10 年，帮助过很多名人解决睡眠问题，现在她已经是这所学校的博士后。

我们一起讨论和研究过很多关于学习和睡眠的话题，结合共同的学习经历，并根据大量的研究和积累，我们总结了一套学习方法——睡眠学习法。

这套方法特别适合学校课业学习。如果你耗费很多时间和精力学习，成绩却没有提高；如果你觉得学习很难，让你望而却步；如果你想要花费较少的时间就能取得优异的学习成绩：这套方法将非常适合你。

之所以叫睡眠学习法，是因为这套学习法包含的 5 个英文单词的首字母恰好可以组成 SLEEP。SLEEP 这个英文单词有睡眠的意思，同时我们的学习法也强调高质量睡眠、高质量休息、高质量学习的理念，所以就将其命名为睡眠学习法。

SLEEP 分别对应的 5 个关键词如下。

### 第 1 个单词 S：透彻睡眠（sleep well）

睡眠质量直接关系到学习效率。必须确保有充足的、深度的睡眠，以及足够的阶段性休息，才可能获得比较高的学习效率。尤其是在课业比较多、学习负担较重的时期，休养生息的重要性远大于把时间耗在低效率的学习上。

### 第 2 个单词 L：有意识学习（learning with intention）

有意识学习指的是要实施目标明确和积极主动的学习方式。在实施有意识学习时，我们可以利用一系列主动学习的技巧来深化理解和加强记忆，包括如何做预习、记笔记、写作业和做复习。

### 第 3 个单词 E：效率技巧（efficiency skills）

不同学科有不同的学习方法和技巧，掌握这些方法和技巧能帮助我们优化学习过程，确保既能在短时间内掌握知识，还能在未来需要应用时迅速回忆。综合运用这些策略，可以极大地提高学习质量和效率，让学习变得更加科学和高效。

### 第 4 个单词 E：评估调整（evaluate and adjust）

通过定期回顾自己的学习方法，可以找出最适合自己的、最有效的学习策略，并根据成绩的变化来调整学习计划。除了特定学科的学习方法外，还有很多通用的学习方法能让我们的学习成果事半功倍，例如费曼学习法、西蒙学习法等都是提高学习质量的实用工具。

### 第 5 个单词 P：主动学习（proactive learning）

家长只是一味要求孩子学习是没用的，要培养孩子主动学习的积极性。学习本可以是一件有趣的事，却被有的人说成了刀山火海，仿佛学习是一种受难。孩子们如果能发现学习的兴趣，就会主动去学的。

睡眠学习法能帮助学生摆脱低效的学习模式。这种方法包含一套既成体系又完整的框架，可以让我们用更少的时间，在保证睡眠和足够休息的情况下，轻轻松松学好。

希望我们总结的这套学习方法能对你有帮助，希望你在理解和应用这套方法后，可以更高效地学习，并取得好成绩。

本书若有不足之处，欢迎读者朋友们批评指正。

冉求求

2024 年春

第一章

**透彻睡眠（sleep well）：睡好是学好的前提·1**

第三章

## 效率技巧（efficiency skills）：学习需要高水平勤奋·109

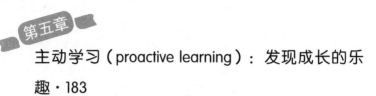

# 透彻睡眠（sleep well）：
# 睡好是学好的前提

很多人把睡眠看成一种单纯的休息方式，或者当作每天晚上的"例行公事"。有人认为睡眠占用了学习时间，是一种浪费，不困到万不得已是不睡觉的。

然而睡眠在人的成长和学习中扮演着重要的角色。高质量的睡眠不仅可以保持身体和精神的健康，还可以帮助我们达到学业和个人发展的最佳状态。

## 1.1 　睡眠与学习：务必把睡眠当大事

学习需要时间，睡眠也需要时间，对于有大量学习任务的学生来说，学习和睡眠之间似乎是彼此对立的，好像在争抢同一份时间。

其实，睡眠与学习能力之间有着紧密联系，睡眠直接影响着人的记忆力、注意力和创造性思维。睡眠可以成为一种强大的学习工具，帮助我们取得优异的学习成绩。

### 1.1.1　睡觉学习法：10 分钟就能提高成绩

有人使用过一种睡觉学习法，即只需要在睡前学习10 分钟，然后安心闭眼准备睡觉，睡着前将知识在脑子里再过一遍，醒后再复习 10 分钟，就可以提高成绩。这种方法虽然听起来有些夸张，但这么做确实是有科学依

据的 [1][2]。我采取过类似的方式学习，也因此养成了睡前和醒后学习的习惯。比如我试过在睡前背诵几遍语文课文，然后睡觉，醒后再背几遍。我发现这样做记忆效率特别高。

我又试过睡前背诵英语单词、历史事件、化学元素等，记忆效果确实显著。但后来我发现，睡眠并不只对提升记忆力有效果，对一些解题思路和创新灵感的生成也有效果。

比如我一开始是晚上睡前和醒来时复习数学公式，记得特别牢，但我发现就算我记住了公式，有些数学难题我还是不会解。后来我除了在睡前记公式外，还会尝试思考解不出来的数学题，遇到那种难题，想着想着就睡着了。有时候我会惊奇地发现到了第二天早晨，那个没解出来的数学题竟然有思路了。

不过有些睡觉学习法提到睡前只学习 10 分钟，这对我来说时间有点短，也许更适合学习的知识体量不大或注意力集中时间较短的人。

我用这种方法的时间安排一般是睡前集中注意力学

---

① 吕勇,沈德立. 睡眠学习的 ERP 研究[J]. 心理科学，2005,28(4):770-740.

② 陆林. 睡眠与学习记忆[C]. 3.21 世界睡眠日暨京津冀睡眠疾病诊断及规范化治疗学术研讨会，2014.

习 30 分钟，醒后再心无旁骛地复习 30 分钟。这种时间设置也符合人的注意力特点①。

也许是博人眼球、追求流量，我看有些图书或文章说只需要睡前学习 1 分钟，醒来学习 1 分钟，其余时间都不需要学习，随便玩，懒人也能成为学霸。这就属于误人子弟了。

学习是一套系统工程，尤其是学校的课业学习，不仅需要预习、记忆、记笔记、写作业、复习、考试复盘等一系列动作，还需要有针对不同学科和不同环节的学习技巧。

强调睡前和醒后学习的睡觉学习法主要可以帮助我们提高预习、记忆和复习的效率，但对学习这项系统工程的帮助有限。

当然，我不是否定睡觉学习法，关键是如何客观理性地看待和应用。想要充分有效地利用睡觉学习法，我这里有 3 点建议。

**1. 做好准备**

实施睡觉学习法时，身边一定要为睡前的学习时间和醒来复习的时间做好提前准备。

① ［瑞典］内特贝里. 番茄工作法图解：简单易行的时间管理方法[M]. 大胖，译. 北京：人民邮电出版社，2014.

这里的准备可能包括一些"硬件"的准备，例如课本、参考书、床头灯、笔记本、铅笔、录音笔等。根据睡前学习习惯不同，可以准备自己顺手的物品，例如有的同学习惯用床头桌，有的同学则觉得床头桌碍事。

还需要做"软件"的准备，例如在预定睡觉时间前，要确保为自己留下充足的时间。如果时间不足，则可能影响睡眠或睡前学习的效果。

具体留下多久时间，可以根据自己睡前学习时间的习惯和需求来定，我的习惯是 30 分钟，也可以是 20 分钟或 10 分钟。但对于学校课业学习来说，少于 10 分钟的睡前学习时间似乎就有些短了。

## 2.保持清醒

睡觉学习法对睡前和醒后学习时大脑的状态要求很高。不论是睡前的学习时间还是醒后的学习时间，头脑都要保持在清醒的状态。

比方说小明今天晚上 9 点 30 分睡觉，9 点开始睡前学习；明天晚上 10 点 30 分睡觉，10 点开始睡前学习；后天晚上 11 点 30 分睡觉，11 点开始睡前学习；这样不规律的睡眠和学习很可能会造成大脑昏昏沉沉不清醒，学习效率不高，效果也不会好。

同样地，早上醒来的时间也要相对固定和规律，不要今天早上 6 点起，明天早上 7 点起。

### 3. 高度专注

除了清醒的头脑外，实施睡觉学习法时，还要保持高度的专注。如果人的注意力最高有 10 分的话，有效实施睡眠学习法过程中的注意力要保持在 9 分及以上。

我们需要在睡前和醒后的学习时间避免被干扰。除了可能干扰自己的物品（例如电子设备），记得要提前跟家人或室友打好招呼，保证自己在学习时间内不被打扰。

睡前的学习时间开始前，最好有 10 分钟左右的休息时间，确保接下来具备较好的学习状态。

如果有特别剧烈的体力活动，有较强的脑力活动，或者要接触电子设备，最好在学习时间正式开始前 1 小时结束，否则可能导致注意力难以集中。

我推荐醒后的学习在床上完成，并且最好马上复习，这样可以最大化地避免被干扰。复习时间结束后再洗漱，否则难免要与他人进行交流，影响注意力集中。

总之，睡觉学习法有用，但不要将其作为唯一的学习方法。

本书介绍的学习方法虽然叫睡眠学习法，也强调足够睡眠、充分休息、劳逸结合对学习效率的提升作用，也倡导睡前和醒后专注学习能取得好的学习效果，有助于提高成绩。

但睡眠学习法并不只是睡觉学习法。系统有效的学习需要结合多种学习策略。

接下来，我先重点说说睡眠和劳逸结合的话题。

## 1.1.2  大脑充电站：能量是睡出来的

为什么睡觉学习法有效呢？为什么睡了一觉就能提高学习效率呢？

答案是睡眠对我们人类来说简直太重要了。人一天有 24 小时，人的睡眠大约就要占 8 小时，约占人生三分之一的时间，是人一生中耗时最多的事情。从耗时的角度来说，睡眠也可以说是人类最重要的事情。

实际上从生理角度来说，睡眠对人类的意义也是极其重要的。如果问你人类最重要的器官是哪个？我想答案是大脑应该不过分吧。

人类的意识藏在大脑中。大脑是人体中最复杂的器官之一，负责处理感觉信息、控制运动、形成思维和记忆，以及调节情感和行为。

尽管从体重上来看，大脑大约只占人体重量的 2%，但在人体总能量消耗中却占到了 20% ~ 25%。

大脑每天需要大量的能量来维持其基本的功能，学习对大脑来说又是一件高能耗的事情，这时候，就需要睡眠为大脑提供一个关键的恢复期，使大脑能够休息和重置。

### 1. 清除代谢废物

睡眠能够有效地清除代谢废物，有助于保持大脑的清醒和健康。

在我们清醒时，大脑高速运转，进行各种复杂的思考活动。这些活动会产生大量代谢废物。

当处在清醒状态下，大脑代谢废物的清除效率相对较低。然而，当我们进入睡眠状态，大脑的活动模式发生变化，"清洁工"才可以安心地开始工作。

睡眠期间，大脑细胞间的空间会增大，这使得淋巴系统能更有效地工作。淋巴系统在睡眠期间将脑脊液输送到大脑的不同区域，帮助清除累积的废物。

每天都有很多脑细胞死去，也有很多脑细胞再生。睡眠可以促进脑细胞的修复和再生。在这个过程中，一些受损的细胞成分被清除，新的细胞成分和神经连接得以形成。

### 2. 巩固记忆

睡眠对巩固记忆有一定的帮助。大脑在睡眠状态下将重新组织和加强在清醒状态下获得的信息，将短期记忆转化为长期记忆，从而使学习成果更稳固和持久地保留住。

睡眠对突触的形成和加强至关重要，在睡眠过程中，大脑将清除掉那些我们不再需要的神经连接，同时加强那些我们频繁使用和看起来比较重要的神经连接。这种选择性加强有助于提升记忆力，因为它优化了神经网络，使其更加高效和有针对性。

良好的睡眠还有助于情绪调节，而情绪状态对记忆形成和提取有显著影响。当人们处于比较开心、惬意、舒适等正向积极的情绪状态时，更容易记住信息。

睡眠有助于清除大脑中的"噪声"，即无关的信息和记忆碎片，从而减少认知干扰。这样，大脑在清醒的时候可以变得更加专注和高效，从而提高学习和记忆的质量[①]。

### 3. 重建能量

睡眠也可以让能量重建。睡眠降低身体的能量需求，同时促进肌肉组织的修复和生长，调节与能量代谢有关的激素，并帮助恢复大脑的能量储备。这些过程共同作用，

---

① 蔡佩孜,陈书影,郭彦君.睡眠时间与记忆关系研究[J].基础医学理论研究，2023,5(2):5-7.

使得我们在醒来时感觉精力充沛，准备好应对新的一天。

白天时，我们的身体和大脑处于高速运转状态，消耗大量能量来支持日常活动和认知功能。当我们睡觉时，身体进入"节能模式"，基础代谢率下降，从而减少能量的消耗。

睡眠可以恢复身体的能量储备。在深度睡眠期间，身体会促进肌肉组织的修复和生长。生长激素在睡眠期间特别活跃，有助于促进这些修复过程。肌肉组织的修复是所有人维持日常活力的基础。

总之，睡眠是大脑进行自我修复和维护的关键时期。它不仅能清除对大脑健康有害的废物，还能巩固记忆，并重建大脑的能量储备。

### 1.1.3 健康的懒觉：生物钟的节律

我身边有很多喜欢睡懒觉的学霸，这似乎与人们的传统认知不符。

很多人觉得喜欢睡懒觉的都是懒人，觉得早睡早起才是正道，实际上并非如此，将睡懒觉与懒惰等同起来是一种典型的误解，这是忽视了人们生理上的多样性和个体差异。

因为受到遗传、生活习惯和环境等多重因素的影响，人类的睡眠时间需求和睡眠模式是多样的。

对某些人来说，晚睡晚起更符合自己的生物钟，这种人被称为"晚睡型节律"的人。这不是懒惰的表现，而是这类人的生理特点。相反地，也存在"早睡型节律"的人，这类人的生活作息更符合"早睡早起身体好"的传统理念。

科学研究表明，假如迫使晚睡型节律的人早睡早起，因为与这类人的生物钟不符，可能反而对健康不利[1][2]。

晚睡型节律的人在早上可能感到疲惫和无法集中注意力，但到了晚上，反而精力旺盛，认知能力（如注意力、记忆力和想象力等）达到高峰。为了适应社会上常规的学习、工作或生活时间，这类人可能会长期处于睡眠不足或睡眠质量差的状态。

说到这，就不得不说说生物钟的概念。我们常说的生物钟是怎么回事呢？

生物钟是生物体内部的一种自然计时系统。这个系统在很大程度上负责调节从睡眠到觉醒的周期、体温、食欲、激素分泌等一系列生理和行为过程。

---

① 赵瑛. 人体昼夜节律和健康[J]. 生物学通报，1999,34(8):3.
② 张熙. 睡眠生物节律紊乱与健康及作业安全[J]. 中华保健医学杂志，2015,17(02):83-84.

生物钟的节律周期大约是 24 小时，这使得生物体能够适应地球自转带来的环境变化。

光线对生物钟有很大影响。大脑通过接收视网膜传递的光线信息来调整身体的生物钟节律，使之与外部环境同步。

光线影响着褪黑素的分泌。褪黑素是一种激素，它在光线暗淡时分泌增加，使身体进入准备睡眠的状态。

在晚上，随着环境光线的减少，褪黑素的分泌增加，促使身体进入休息状态，降低体温，并减少一些激素的产生，从而促进睡眠。白天则相反，光线增加将抑制褪黑素的分泌，使身体保持在清醒和活跃的状态。

在青春期，青少年的生物钟会经历显著的变化。这种变化主要表现为生物钟节律的延迟，也就是说，青少年可能普遍会出现晚睡晚起的倾向，晚上较难入睡，早上难以醒来。

对于很多青少年和晚睡型节律的人来说，懒觉有时候反而是健康的。适度的懒觉可以帮助青少年和晚睡型节律的人恢复体力和精神状态，对身体健康和认知能力都至关重要。

尤其到了周末或节假日，懒觉可以适度延长睡眠时间，以补偿平日里的睡眠不足。这不仅是简单的睡眠时间延长，更是一种对身体生物钟的调整和恢复。

虽然适度的懒觉有益，但过度睡眠可能导致生物钟紊乱，尤其是当懒觉导致显著的睡眠和起床时间变化时，这种不规律的睡眠模式就可能导致"社交时差综合征"。比如有些青少年在长假期间持续睡懒觉，长假结束后起床和上学就会变得更加困难。

健康的懒觉建议延长睡眠时间不超过 1 个睡眠周期（1.5 小时左右，下个小节详细介绍）。

也可以这么理解，如果你的身体告诉你睡懒觉对自己有利，在不影响学业和生活安排的前提下，在非过度睡眠的情况下，让自己再增加一个完整的睡眠周期，是比较健康的状态。

综上所述，睡懒觉不一定是坏事。每个人有自己的生物钟，以符合自身生物钟的时间来调整睡眠就可以。要注意懒觉的时间不要过长，以免对生物钟产生负面影响。

### 1.1.4　睡眠周期：每天应该睡多久

先来回答一个很多人关心的问题，人每天应该睡多久呢？

回答这个问题前，先说一个人物。2022 年北京冬季奥林匹克运动会上，著名滑雪运动员谷爱凌获得 2 枚金牌和 1 枚银牌。谷爱凌当时被广泛报道，成了家喻户晓的名人。其实，谷爱凌不仅是个滑雪天才，也是个学霸。

她仅用了 1 年时间，就学完了普通高中生 2 年才能学完的课业，并考入斯坦福大学（Stanford University）。这可是 QS（Quacquarelli Symonds）世界大学排名常年排在前 5，培养过 84 位诺贝尔奖、8 位菲尔兹奖、29 位图灵奖、4 位普利策奖获得者的名校。

当被记者问到成功的秘诀是什么时，谷爱凌说：我有一个秘密武器，就是每天晚上要睡 10 小时的觉，睡觉会促进身体和大脑的成长，同时睡前也是我的复习时间，会复习当天我学过的所有知识。

谷爱凌的妈妈总告诉她要睡好觉，并且会监督她睡觉，她因此给她妈妈起了个外号叫"睡眠警察"。这一点在对谷爱凌妈妈的采访中也得到了证实。谷爱凌的妈妈说："我对谷爱凌的教育就是：第一，多睡觉；第二，多学习；第三，多玩。"

谷爱凌妈妈的教育理念我非常认同，谷爱凌因为睡好觉这个前提而学好、玩好的理念我更是有着深入的体会，我就是这样过来的呀！不过，10 小时的睡眠时间，适合所有人吗？答案是否定的。

每个人对睡眠时间的需求是不同的。看起来，谷爱凌是睡眠时间需求比较多的人。她恰恰迎合了自己的睡眠时间需求，保证了充足睡眠，这当然是好的。但相应的，也有些睡眠时间需求少的人，一天只需要睡 6 小时，也能感到精神抖擞，睡多了反而难受。

那么，到底每天应该睡多久呢？

科学地计算睡眠时间，要用到睡眠周期。睡眠周期是指我们在睡眠时经历的一系列阶段，每个阶段都对我们的身体和大脑健康至关重要。一个完整的睡眠周期一般需要 90 分钟到 110 分钟，成年人每晚通常会经历 4 至 6 个这样的周期。

这就看出差异了。睡眠时间需求比较少的人，可能需要 4 个睡眠周期，假设每个睡眠周期 90 分钟，一共 360 分钟，也就是 6 小时；睡眠时间需求比较多的人，可能需要 6 个睡眠周期，假设每个睡眠周期 110 分钟，一共 660 分钟，也就是 11 小时。

11 小时和 6 小时比较，近 2 倍的数量差，而且这里只是按照多数情况计算的约数，也存在少于 6 小时睡眠时间需求或多于 11 小时睡眠时间需求的少数人。

一个完整的睡眠周期大致可以分成两个主要阶段，

分别是非快速眼动（non-rapid eye movement，NREM）睡眠阶段和快速眼动（rapid eye movement，REM）睡眠阶段。NREM睡眠阶段又分成3~4个阶段，包含大家熟知的深度睡眠阶段。

随着睡眠周期的更替，REM睡眠阶段有变得越来越长的趋势。第一个睡眠周期的REM睡眠阶段一般持续5分钟到10分钟，最后一个睡眠周期的REM睡眠阶段可能长达40分钟。现在你应该更明白为什么我前面说睡懒觉可能是个好事，也可能是健康的。

与睡眠时间需求的个体差异一样，睡眠周期同样存在个体差异，而且这种差异或许也不小。那如何判断自己每天应该睡多长时间呢？

我建议通过睡眠后的结果来判断。大多数人每天健康的睡眠时间一般在7~9小时之间。以这个时间为参照，你可以通过以下3点来判断适合自己的睡眠时间。

- 如果你在醒后仍然感到疲惫，身体有明显的疲劳感，白天学习时经常感到困倦，记忆力下降，判断力下降，情绪波动比较大，或者被迫醒来时有明显的起床气，那么可能代表你的睡眠时间不足。
- 如果你醒后感到身心轻松、精神焕发、生龙活虎、充满活力、情绪饱满，那么可能代表你睡得刚刚好。

- 如果你睡到自然醒后感觉头疼、肌肉松弛、情绪低落、反应迟钝、注意力不集中、昏昏沉沉，那么可能代表你睡多了。

其实有没有睡好，你的身体最知道。洞察身体对睡眠的反馈，你会发现适合自己的睡眠时间。每个人都是独特的，不必过分在意自己的睡眠时间为什么与别人不同。

了解自己的睡眠周期，找到适合自己的睡眠时长，保证自己的睡眠时间。这是透彻睡眠的前提，也是学好、玩好的前提。

## 1.2　质量与数量：学霸赢在高效率上

一说起学霸，很多人第一时间想到的是"头悬梁，锥刺股"的形象，认为学霸应该是一群不断熬夜、牺牲所有时间来学习的人，或者"两耳不闻窗外事，一心只读圣贤书"式地把自己阒在屋子里死读书的人。

我不敢说所有的学霸都不这样，但至少我见过的学霸没有这样的。学霸之所以成为学霸，靠的是学习质量好、学习效率高，而不是学习时间长。事实上，在学校的课业学习中，很多学霸的总学习时间可能小于成绩一般的学生。

## 1.2.1 超负荷学习：让努力变得适得其反

我曾经也陷入过以为投入很多时间，把所有时间都用在学习上，就会取得好成绩的误区。

这种想法让我每天像一台不知疲倦的机器，从早到晚固守在书桌前。我的房间总是灯火通明，挂钟的嘀嗒声成了我唯一的伴侣，每一小时都像是在与自己的耐心和毅力赛跑。

但这种极端的学习方式并没有带来预期的效果。我发现，尽管自己投入了大量时间，但学习成绩却没有明显提升。我感到精疲力尽，常常在深夜里对着模糊的文字发呆，脑海一片空白。

记得有一次，我在深夜里复习数学。看着书，不知不觉地眼睛已经模糊，手指僵硬地抓着笔，那些数字和公式似乎在我眼前跳舞。那时候，我意识到必须要做出改变了。

学习是典型的脑力劳动，脑力劳动有个典型的特点，就是不以时间的累积为评判质量的标准。过长时间的学习或者在没有足够休息的情况下进行过量的学习属于超负荷学习。

这种情况通常发生在对学习成绩有过高期望的学生中，尤其在面临重要考试时。

科学研究表明，超负荷学习会导致认知能力下降，影响记忆、理解和解决问题的能力。同时，它也会影响身心健康，包括引起压力和焦虑，甚至可能导致长期的健康问题[1][2]。

当你有以下这些表现时，可能代表你目前处于超负荷学习状态。

### 1. 持续的疲劳感

长时间精神集中会消耗大脑的能量，特别是需要学习的内容比较复杂时。这种持续的脑力劳动会导致大脑的能量储备耗尽，从而产生持续的疲劳感。你可能会发现，即使经过长时间的休息，也感觉无法完全恢复到很好的精神状态。

### 2. 注意力难以集中

超负荷学习会影响大脑的前额叶皮质，这个区域对于维持注意力非常重要。当它被过度使用时，你可能会发现自己难以长时间集中注意力，很容易被外界因素干

---

[1] 赵鑫. 复合疲劳对机体学习记忆和抗氧化能力的影响 [D]. 西安：第四军医大学, 2023.

[2] 白丹. 影响中学生学习效率的各因素分析[J]. 科教导刊, 2012(5).

扰，或者发现自己需要更频繁的休息才能保持专注。这也是为什么注意力是有极限的。

### 3. 情绪波动

长期的学习压力不仅可能影响你的认知能力，还可能导致情绪波动。你可能因此变得焦虑、沮丧或易怒。当大脑长时间处于高度压力状态时，它会释放更多的应激激素，如皮质醇，这些激素会影响情绪稳定。

### 4. 记忆力下降

超负荷学习可能影响记忆编码和提取的过程。当大脑过度疲劳时，它在处理新信息和回忆旧信息方面变得低效。你可能会发现自己难以记住新学的知识，或者很难回忆起之前已经记住的知识。

### 5. 身体不适

超负荷学习不仅影响心理状态，还可能导致身体不适，常见症状包括头痛、眼睛疲劳和背痛。这些症状往往是长时间坐着不动和过度使用眼睛导致的结果。

如果你的学习成绩有问题，学习效果不好，发现自己花费很多时间在学习上，同时又出现了上述超负荷学习的状态，那你应该知道，现在的问题不是你的学习时间不够，而是你的学习时间太长或者休息时间不够。你应该把主要精力集中在提升学习效率上。

这正是写作这本书的初衷——教你如何提高学习效率。也许，你要想的不是挤出更多的学习时间，而是如何用更短的时间高效学习。当然，提升学习效率有很多具体的方法，我会在接下来的章节中分别介绍。

## 1.2.2　寻找平衡点：时间投入与学习成绩

现在我们已经知道，学习时间和学习成绩之间并不总是成正比。长时间的低效学习可能导致认知过载和精神疲劳，这会降低信息处理效率并影响学习成效。

在固定的学习效率和条件下，假如学习时间不够，学习效果很难会好，随着学习时间持续增加，学习效果会逐渐变好，但是，假如超过一定的学习时间后，学习效果反而会变差。

学习时间和学习效果的关系，大约呈现出一条抛物线的状态，如图 1-1 所示。

每个人每天都会有一个最佳的学习时间，大于这个时间和小于这个时间，学习效果都难以达到最佳值。学生每天最佳学习时间的长短一般与年龄和学习阶段有关系。

初中阶段的学生通常处于 11 至 14 岁之间。在这个年龄段，人的认知能力如注意力集中能力正在发展，但还没有完全成熟。

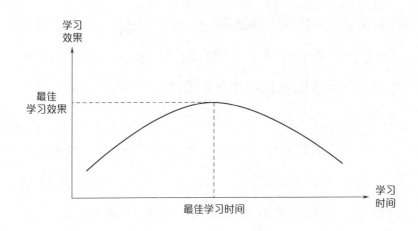

图 1-1　学习时间和学习效果的关系

这个年龄段的学生更适合进行有结构的学习，并且需要更频繁的休息时间。我建议初中生每天最佳的主动学习时间不超过 4 小时。

高中阶段的学生年龄一般处于 15 至 18 岁之间。这个阶段的学生具有更强的认知能力，如具有更长的注意力集中时间。与初中生相比，高中生的学习能力和自我管理能力也相对较强。

此外，高中课程通常比初中课程难度更大，准备大学入学考试的压力也较大。因此，高中生的学习时间通常需要更长，我建议每天最佳的主动学习时间一般不要超过 6 小时。

过了 18 岁之后，也就是进入大学、研究生或工作后，我建议每天最佳的主动学习时间也不要超过 6 小时。

别急，看到这里你一定有疑问，本书说的最佳的主动学习时间看起来比初中生和高中生实际每天的学习时间少很多，为什么？

本书说的最佳的主动学习时间指的是每天主动的、输入式学习的累计时间，也就是自己全身心投入地主动预习、记忆、复习等脑力劳动强度比较大的自主学习时间的累计，不包括听课、看视频这类被动学习时间，也不包括写作业、写作文、记日记这类输出式学习时间。

主动学习能促使学生深入思考知识，这种深度的认知加工有助于加强理解和记忆。但同时，主动学习的大脑能量消耗会显著大于被动学习的消耗。

另外，每天最佳的学习时间并不是指连续学习的时间。人的注意力是有限的资源，长时间不间断地学习会导致注意力下降，从而降低学习效果。适当的休息和分散注意力可以帮助恢复认知资源，提高后续学习的效率。

成年人的注意力大约可以持续 30 分钟，年龄越小，注意力的持续时间越短。哪怕是短暂的 5 分钟休息时间，也会对人们注意力的恢复起到一定的积极作用[①]。

也就是说，某初中生张三到了周末想要连续不间断地学习4小时，这样做的效果反而不好。正确的做法是每学习30分钟，休息5～10分钟，以此循环进行，持续8个周期。

当然，这8个周期可以是上午3个周期，下午3个周期，晚上2个周期。这种交替式学习的方法有助于维持大脑的活力和注意力。除此之外，可以增加一些看视频、听讲座等被动学习时间，或者写作业、写日记等输出式学习作为辅助学习手段。

另外，一个人每天不同时间段的"能量状态"也影响着学习效率。一个人在一天当中有的时间段状态好，好像做什么事都得心应手，效率很高；有的时间段状态一般，好像做什么事都提不起精神。

这种每天在不同时间段状态高低不同的现象，也属于生物钟的一部分。在一天中的某些时刻（通常是个人感到最清醒和活跃的时段），一个人可能会拥有较高的学习效率；而在其他时段（如低能量状态时期），学习效率可能会下降。

---

① 陈义万, 张群芝, 杜海霞. 针对学生注意力持续时间有限的课堂分段教学模式[J]. 海外文摘·艺术, 2018(3):2.

每个人在不同时间段状态起伏的特征也是存在差异的，而且这种差异可能会比较大。这就像是早睡早起型的人和晚睡晚起型的人之间存在差异一样。

比如我每天状态波峰和波谷的大致时间段如图1-2所示。

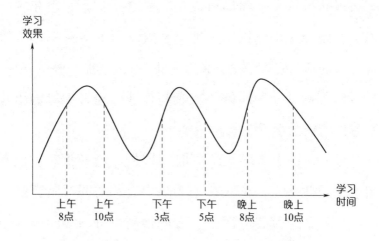

图 1-2　我的状态曲线

我一般会利用每天上午 8 点到 10 点、下午 3 点到 5 点或晚上 8 点到 10 点的时间做比较强的脑力劳动。我会选择在这些时间段背诵知识或解数理化难题，因为我在这些时间段比较容易集中注意力。

了解并利用自己的生物钟可以帮助我们提高学习效率。我们可以在能量和注意力水平较高的时段完成重要的学习任务，例如做主动、输入式的学习；在能量状态较低的时段进行轻松或恢复性的活动，例如被动、输出式的学习或休息。

我对学习时间的建议是基于认知发展理论和学习心理学研究的一般性指导原则，希望你的学习时间，不仅能让你取得好成绩，同时也对身心健康和生活的整体平衡起到积极的作用。

### 1.2.3 分段式学习：构建高效学习的节奏

假如 2 个"平行宇宙"中的学生张三在准备同一场考试。

第 1 个宇宙里的张三选择在考试前 1 天连续学习 12 小时；第 2 个宇宙里的张三则是在考试前的 12 天，每天学习 1 小时。这每天学习的 1 小时还分成了 3 段，早上刚起床时复习 20 分钟，午休前复习 20 分钟，晚上睡前再复习 20 分钟。

你猜哪一个张三会取得更好的成绩？

看完前文的内容后，我想你已经有了答案，应该是第 2 个宇宙中的张三成绩会更好。为什么呢？因为第 2 个宇宙里张三的学习方式更符合大脑的自然节律，能更好地维持注意力和记忆力。

有效的学习应该是间歇性的、分阶段的。将学习时间分成多个块，每个块之间由休息或学习的时间分隔，这样的结构对于提高学习效率具有显著效果。这种阶段性学习的方法叫分段式学习或分步式学习。

为什么分段式学习更有效呢？

### 1. 符合人类大脑处理信息的自然方式

大脑在高度集中注意力的短时间内效率最高。在高效学习后充分休息，能够避免认知过载，让大脑有时间来整理和巩固信息，而不是不断地被新信息所填满。

此外，休息期间，无意识的思考可以帮助巩固学习内容，这是在放松或从事其他活动时自然发生的心理过程。

### 2. 有助于提升动力

长时间连续学习往往会导致兴趣减少和疲劳感增加，而间歇性学习可以保持新鲜感和好奇心。

当我们知道在经过一段注意力集中的学习后会有休息或玩耍的时间，这会让我们更加愿意投入到学习中。这种期待休息的心理可以作为一种正向激励，促使我们在学习阶段更加努力。

### 3. 可以提高灵活性

我们可以根据具体需求调整学习和休息的时间长度。对于一些难度较大的学习任务，可以拉长整个学习项目的周期，每个周期内安排更短的学习时间，以减少压力感。

例如，应当在一个学期内学完的数学课本，可以尝试提前1个月自学完，这样每天学习30分钟。但要想在一周内集中自学完，则难度较大，而且比较难取得好的学习效果。

而对于那些我们感兴趣的或比较容易掌握的内容，可以适当缩短整个学习项目的周期，延长每个周期内的学习时间，以增强掌握和应用知识的机会。

例如，某初中生比较喜欢学习历史，从小阅读过很多历史相关书籍，具备比较丰富的历史基础知识，读历史书时能不自觉地专注好久。这种情况下，原本应当在一个学期内学完的历史课本可以尝试用4个休息日自学完，每个休息日用番茄工作法学习3个小时。

### 4.帮助建立更好的时间管理和自我监控能力

通过自主设置阶段性学习的周期和时间，我们能够逐渐学会如何高效地安排时间，识别何时最容易集中注意力，何时需要休息。这种自我调节的能力是成长过程中非常宝贵的技能，有助于我们在学业中取得成功。

德国心理学家赫尔曼·艾宾浩斯（Hermann Ebbing-haus）在20世纪初基于实验研究提出了遗忘曲线理论，艾宾浩斯的遗忘曲线如图1-3所示。

这条曲线揭示了记忆随时间流逝而衰减的过程，表明信息遗忘的速度刚开始很快，随后逐渐减慢。

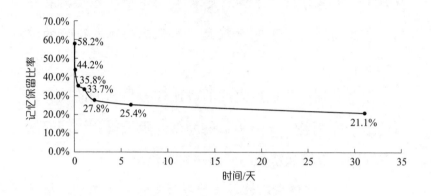

图 1-3　艾宾浩斯的遗忘曲线

艾宾浩斯的研究主要通过让参与者记忆无意义的音节，然后在不同的时间间隔后测试他们的记忆保留比率。

在刚开始的 20 分钟内，记忆保留比率可以达到 58.2%，1 小时后减到 44.2%，9 小时后减到 35.8%，1 天后减到 33.7%，2 天后减到 27.8%，6 天后减到 25.4%，31 天后减到 21.1%。

结果发现，人的遗忘最初发生得非常迅速，随着时间的推移，遗忘速率开始降低。大约一天后，遗忘曲线趋于平稳，此时虽然遗忘了大部分信息，但剩余的信息则被记忆得更久。

艾宾浩斯的遗忘曲线说明，要想有效记忆，就需要通过定期的、经常的复习来对抗遗忘。复习的时间间隔应根据遗忘曲线来安排，也就是在记忆开始衰退时进行复习。

根据遗忘曲线的原理，通过定期复习和练习来巩固记忆，可以避免信息的快速遗忘。

艾宾浩斯的遗忘曲线对分段式学习的时间安排有用，对指导复习时间也有用，后文会详细介绍基于艾宾浩斯的遗忘曲线的艾宾浩斯记忆法。

我们可以把休息视为学习的一部分，只要有学习，就要有休息。我们要尝试找到自己的学习节奏，将目光放在高效率的短时间学习上，而不是盲目追求学习时长。

## 1.2.4 交替学习法：分散学习时间的策略

前面提到了分段式学习，在分段式学习的基础上，还有一种交替学习法。这种学习方法除了强调将内容分散在不同时间段进行学习外，还强调在不同的学习时间段内交替学习不同学科的知识。

这种方法遵循人类大脑处理和储存信息的自然方式，可以提高记忆的效率。人们在学习、记忆的时候，可能存在两种干扰。

### 1. 前摄干扰（proactive interference）

前摄干扰是指先前学习的信息干扰了后来学习的信

息的记忆。换句话说，就是旧知识阻碍了新知识的学习和记忆。

例如，某中学生在学习代数课程，他已经学习了如何解一元一次方程。接着马上学习如何解一元二次方程。在尝试解一元二次方程的时候，他可能会发现自己不自觉地使用了一元一次方程的解法，因为这是他之前熟悉和习惯的解题方法。这种情况下，以前的学习经验（一元一次方程的解法）干扰了他对新知识（一元二次方程的解法）的学习和理解。

### 2. 倒摄干扰（retroactive interference）

倒摄干扰是指后来学习的信息影响了先前学习的信息的记忆和提取。这种情况下，新知识会混淆原有的旧知识的记忆。

例如，某中学生在学习英语语法的时候，已经学会了现在时态的语法规则，并做了一定的练习。紧接着，再去学习过去时态的语法规则。当试图用英语的现在时态描述当前活动时，可能会错误地使用过去时态的动词形式。这是因为新知识（过去时态语法规则）干扰了他对旧知识（现在时态语法规则）的回忆和应用。

交替学习法可以避免前摄干扰和倒摄干扰对记忆的影响，使学习记忆的效率得以提高。交替学习法的应用主要体现在 3 个方面。

### 1. 分散复习

分散复习基于"间隔效应"的原理。这种方法是在不同的时间分步学习和复习知识，而不是密集式地复习。分散复习要求我们在学习新知识后，在接下来的几天或几周内定期回顾。

例如，如果我们在周一学习了一个新的数学概念，在周三和周五重新复习这个概念，而不是在周一连续多次复习。通过这种方式，学习不再是一种短暂的记忆活动，而是变成了一个可持续的学习过程。

分散复习可以增强记忆的稳定性。当知识在一段时间内多次被复习，大脑会将其视为更加重要的信息，从而更有效地将其储存到长期记忆的序列中。

### 2. 交替学科

交替不同主题或学科的学习也是交替学习法的一项有效应用。这种策略可以显著提高学习效率和深度。

例如，我们可以在学习数学 15 分钟后，转而阅读文学作品，然后再回到数学学习。

交替学科对建立不同学科之间的联系也是有帮助的。例如，数学问题的解决可能需要某种程度的创造性思维，而这正是文学阅读可能提供的。

同样的道理，文学分析中的逻辑结构可能会得益于数学思维。这种跨学科的思维方式不仅增加了对每个学科的理解，还提升了更高阶的认知能力，如创新力和批判性思维。

当大脑在不同类型的任务之间切换时，它需要更加积极地处理和存储信息，这种过程可以增强记忆的稳固性。

### 3. 混合练习

除了时间上的分散复习和知识点的交替学习之外，对于复杂或多元的学科（例如数学），可以采取混合练习的方法。这种方法是将不同的概念、技能或练习类型交错在一起，而不是单一地、连续地练习同一类型的内容。

以数学为例，传统的学习方法往往是集中在一个单一的领域，如先学习一段时间的代数，再过渡到几何，最后学习统计。然而，在混合练习中，这些领域的学习内容可以穿插进行。

我们可以给自己做个模拟测试，先解决几个代数问题，然后转到几何问题，之后是统计问题，最后可以再回到代数问题。

总之，交替学习法通过分散复习、交替学科和混合练习，有效地利用了大脑的自然学习机制，不仅提升了记忆力和理解能力，也增加了学习过程的兴趣和动力。

对学生而言，这种学习方法能够帮助其更好地管理学习时间，避免疲劳，提高学习效率。

## 1.3 睡眠保障：高质量睡眠带来高质量学习

睡眠的时间很重要，睡眠的质量同样重要。

有些人可能需要很长的睡眠时间才能感到精力充沛。而有些人即使睡眠的时间比较短，也能保持良好的精神状态。抛开可能的先天因素决定外，这种差异有可能是因为后天睡眠习惯各异造成睡眠质量不同导致的。

### 1.3.1 夜晚守护者：3招克服睡眠难题

根据《中国睡眠研究报告 2023》，2022 年 18.7% 的民众在睡眠后"不觉得休息过了"或"觉得一点儿也没休息"，高于 2021 年的 16.3%，表明虽然人们认为自己的睡眠时长足够了，但并不觉得因此而得到充分的休息和放松。睡眠问题困扰着越来越多的人。那么，高质量的睡眠一般有哪些特征呢？

- 能在 20 分钟内入睡。
- 睡眠持续时间符合自己的睡眠时间需求（多数在

每晚 7 小时到 9 小时）。

- 睡眠应该是连续的，整晚睡眠过程中不醒，或者偶尔醒后，又能快速入睡，睡眠过程中没有异常行为。
- 醒后感到精力充沛，没有疲劳感，能够有效地进行日常活动。

如果你完全符合上面这些特征，可以基本被视为睡眠质量良好；只要有一条不符合，都可以被视为存在睡眠障碍。睡眠障碍可能导致一系列的身体或心理问题，这些影响可能在短期内显现，也可能随着时间的推移而逐渐累积。

睡眠质量影响着学习效率。睡眠质量低会影响人的注意力，让人学习时难以集中精神；会影响人的记忆力，可能很难记住或回忆知识；会影响人的判断决策能力，本来会做的题可能也做不对。

睡眠与情绪波动、易怒、焦虑甚至抑郁情绪有关，长期睡眠质量低可能加剧心理健康问题。睡眠是身体修复和恢复的关键时间，因此睡眠问题可能导致免疫系统功能异常，影响身体健康。

入睡困难，夜醒，睡眠周期不足或发生异常行为，是学生群体中较为常见的睡眠问题。这些睡眠问题常常与日常压力和焦虑有关。此外，不健康的睡前习惯，如睡前使用电子设备，晚上摄入咖啡因，不规律的睡眠模式，也会影响睡眠质量。

提高睡眠质量，要注意以下 3 点。

### 1. 营造良好的睡眠环境

不论是光线、噪声还是温度，都可能会对睡眠质量造成影响。

（1）黑暗的环境

光线可以抑制褪黑素的产生，从而影响睡眠。使用遮光窗帘或睡眠面罩可以帮助减少房间内的光线，创造黑暗的环境，从而促进褪黑素的产生，帮助人更快入睡并保持深度睡眠状态。

（2）安静的环境

安静的睡眠环境有助于我们更快地入睡，并可能会减少夜间醒来的次数。持续或间歇的噪声可以打断睡眠周期，导致入睡困难和夜间频繁醒来。

如果睡眠环境有噪声干扰，可以使用耳塞。另外，白噪声或自然声音可以掩盖打扰性的噪声。

（3）凉爽的环境

适宜的房间温度对于促进良好睡眠至关重要。研究表明，过热或过冷的环境都可能导致睡眠质量下降。理想的睡眠环境温度通常在室温 26 摄氏度左右[1]。

---

[1] 潘黎,连之伟,兰丽. 不同温度环境下的睡眠质量评价[C]. 中国环境科学学会室内环境与健康分会第五届年会, 2012.

如果有调节室温的条件和设备，建议根据个人偏好调整卧室的温度。

（4）舒适的睡眠用品

一个支撑良好的床垫和适合个人偏好的枕头对于提高睡眠质量至关重要。不适当的床垫或枕头可能导致身体不适和睡眠中断。

## 2. 减少使用电子设备

电子设备（如智能手机、平板计算机等）发出的蓝光能够特别有效地抑制褪黑素的产生，导致人们在夜间也处于觉醒状态。

因此，建议在睡前 1 小时内尽量避免使用电子设备。对于需要在晚间使用电子设备的情况，使用蓝光过滤器或设置电子设备的夜间模式可以一定程度上减少蓝光的影响。

## 3. 放松身心

对于学生来说，学业压力可能会带来焦虑。睡前进行放松身心的活动能够降低焦虑水平。

可选的放松身心的活动包括 3 类。

（1）阅读

睡前阅读是一种有效的放松方式。建议阅读那些轻松愉快的内容，不要看那些紧张刺激的内容，有助于减轻白天的压力和焦虑。

（2）冥想和呼吸练习

正念冥想和深呼吸练习能够降低压力水平，改善情绪状态。这些活动将注意力引导到呼吸和身体感觉上，有助于减少杂念，促进心理放松。

（3）听轻柔的音乐

听轻柔和节奏缓慢的音乐可以降低心率和血压，也可以降低"压力激素"皮质醇的分泌，有助于身体尽快进入休息状态。

提示：如果你尝试过以上方法，却依然没有解决睡眠问题，而且睡眠问题一直持续，影响了你正常的学习或生活，建议尽快咨询医生，以获得专业的诊断和建议，确定具体的睡眠障碍类型和恰当的治疗方法。

## 1.3.2　时间秩序：构建规律的睡眠模式

我大学一年级同寝室的同学李雪梅在高中的时候是个学霸，她也觉得高考没有发挥出自己的正常水平，否则应该可以考入北京大学或清华大学。

于是她给自己许了个愿，准备大学期间努力学习，将来报考北京大学或清华大学的研究生。

一开始她延续着高中时期的学习和作息时间，后来她觉得，大学这么自由，白天没有老师看着学习，晚上没有教导主任强制熄灯睡觉，完全可以按照自己喜欢的节奏来安排学习时间呀。

她觉得只要保证足够的学习时间就可以了，剩下的时间可以自己随意安排。她开始奉行"想玩就玩、想学就学、想睡就睡"的原则，作息时间变得非常混乱，经常熬夜玩游戏和看剧，凌晨三四点才睡觉，第二天中午才起床。

这种不规律的生活方式让她经常旷课。就算上课了，她在课堂上也提不起精神，经常走神。她说自学的时候头总是昏昏沉沉的，很难集中注意力。她的学习成绩越来越差，别说报考名校的研究生了，本科顺利毕业都难。

后来我建议她改变自己的生活习惯，不然她的学业甚至未来都会受到影响。于是，她开始尝试调整自己的作息时间。她给自己设定了固定的睡眠时间，每晚 11 点前必须睡觉，早上 7 点必须起床。

起初，这对她来说有点困难，但在我们的监督下，她坚持了下来。一周后，她的精神状态改善了不少，学习状态也有所恢复。

此外，她还发现自己仿佛有更多的时间可以用来安排学习和休闲活动了。其实不是时间多了，是她的效率高了。

规律性对保持高质量的睡眠至关重要。为此，我们可以建立一个规律的睡眠模式，为自己的身体建立一套"时间秩序"。

要建立睡眠的时间秩序，要做到以下 3 点。

### 1. 保持一致的睡眠和起床时间

保持一致的睡眠和起床时间对于维持人体的生物钟稳定性至关重要。

不规律的睡眠模式会干扰人体的生物钟，导致睡眠质量下降，让人们在白天的时候感到疲倦。因此，即使在周末或假期，也要尽量保持平日的睡眠习惯，在已经习惯的时间上床睡觉和起床。

如果因为某些原因——例如学校的上学和放学时间调整，需要改变睡眠时间，建议逐渐调整。提前每天将入睡时间和起床时间调整 15 分钟到 30 分钟，直到达到新的目标时间，这样可以帮助身体更平滑地适应新的节律。

突然大幅度改变睡眠时间可能会使身体感到压力，并影响睡眠质量。

除了睡眠时间外，其他日常活动的规律性对于维持生物钟稳定性同样重要。例如，规律的饮食习惯、规律的运动习惯等。

### 2. 避免刺激性活动

避免晚上参与刺激性活动是保证良好睡眠的一个重

要方面。这里的刺激性活动主要包括 2 类。

（1）身体上的高强度运动

虽然运动本身对健康有益，但在睡前进行高强度运动会让身体保持在一种高度警觉状态中，这不利于进入放松的睡眠状态。

因此，如果要进行比较剧烈的体育运动，建议与睡觉的时间间隔 3 小时以上。相反，轻度或中等强度的运动，例如散步或瑜伽，可以帮助促进睡眠。

（2）心理上的过度刺激活动

晚上参与心理上过度刺激的活动，如长时间玩电子游戏或使用社交媒体，会使人的大脑始终处于较为兴奋的状态，同样会对睡眠产生负面影响。

### 3. 避免摄入咖啡因和高能量食物

避免在睡前 5 小时内摄入含咖啡因的食品、饮料和高能量食物也是促进良好睡眠的重要策略。常见含咖啡因的饮料包括咖啡、茶、可乐、奶茶等。常见含咖啡因的食物包括巧克力等可可类制品。

（1）咖啡因的影响

咖啡因是一种中枢神经兴奋剂，它通过阻断一种名为腺苷的神经调质与其受体的结合而达到促进清醒的效果。腺苷在日间积累，促使身体感到疲倦，而咖啡因的作用会减轻这种疲倦感，从而延迟睡眠。

咖啡因在体内的半衰期一般是 4 至 6 小时，也就是说，在摄入后 4 至 6 小时内，人体内咖啡因都有提神效果。因此，晚上摄入咖啡因后，入睡时间可能恰好在咖啡因半衰期之内，因此咖啡因会让人保持清醒，从而干扰睡眠。

（2）高能量食物的影响

晚上进食高能量食物，特别是高脂肪或高碳水的食物，身体的消化系统需要时间来处理食物，当处理完食物之前就进入睡眠状态，身体的消化速度减慢，高能量食物可能导致睡眠时胃肠不适，从而影响睡眠质量。

晚餐尽可能选择清淡的、低油脂的、低碳水的食物，这样能减轻睡前的消化负担。如果晚上饿了，选择少量且易于消化的食物，例如小分量的健康谷物。

总之，保持每天的入睡和起床时间一致，学会逐渐调整睡眠时间，维持日常生活的规律性，晚间避免高强度运动和过度刺激的心理活动，避免摄入咖啡因和高能量食物，对于保持良好的睡眠质量，维持睡眠的时间秩序至关重要。

### 1.3.3　能量补充：打造中途充电站

如果你已经做到晚上睡眠时间正常，睡眠质量可以保证，醒来时感觉活力满满，但到了白天的某些时候（例如中午）仍感到困倦，或在学习一段时间后无法集中注意力，这也是正常的。

对于学生来说，如果白天感到困倦或注意力无法集中，如何恢复精力呢？

### 1. 用好课间休息

课间休息虽然时间短暂，但如果利用得当，可以极大地帮助我们放松身心，提高接下来课程的学习效率。课间休息可以采取的方式很多。

（1）活动身体

课间休息时，可以站起身，伸个懒腰，或者从头到脚进行全身伸展，摆脱长时间坐姿带来的身体僵硬。

例如，可以站直后向上伸展双手，尽量向天花板伸展，然后慢慢弯腰，尽量让双手触碰脚趾。

可以在教室内走动，比如简单地来回走动，或者走到窗边呼吸一下新鲜空气。如果有条件，也可以快速上下几阶楼梯，增强心肺功能。

（2）呼吸练习

可以尝试腹式呼吸。坐直或站立，放松身体；深深吸气，感觉腹部随着空气的填充而膨胀；缓缓呼气，感觉腹部随着空气的释放而收缩。这种呼吸方式可以减轻紧张和焦虑。

也可以尝试闭眼深呼吸。闭上眼睛，专注于呼吸；深吸一口气，慢慢数数，从 1 数到 4；然后慢慢呼气，同样数数，从 1 数到 4。这样重复几次，可以帮助心灵回归平静。注意这个过程一定要慢，不要着急。

（3）视觉放松

可以远眺。从书本或屏幕上移开视线，尝试远眺教室外或窗外的景物。这种远眺活动可以帮助眼睛放松，减少长时间近距离学习带来的眼部疲劳。

也可以让眼球做做运动。做法是闭上眼睛，轻轻转动眼球，让眼球向上、向下、来回左右移动；然后慢慢睁开眼睛，注视远处的某个静止物体几秒。这样重复几次，有助于放松眼肌。

### 2. 保证适度午休

午休是我们在繁忙学习日程中恢复体力和精神的重要时刻。合理规划和执行午休可以极大地提高下午的学习效率。如果想最大化午休的休息效果，我们可以这么做。

（1）创造合适的氛围

找一个相对安静的地方进行午休。使用眼罩来遮挡光线，使用耳塞来减少噪声干扰，创造一个有利于休息的氛围。

（2）找到舒适的姿势

尽可能找到一个可以让自己平躺或者半躺的位置。如果你只能趴在桌上小憩，可以尝试在桌上铺一块柔软的毛巾，或者放一个为专门趴在桌上休息而设计的抱枕，以减少硬物带来的不适感。

（3）控制时间

将午休时间控制在 15 分钟到 30 分钟，尽量避免进入快速眼动睡眠阶段，此睡眠阶段的人身体松弛，肌张力降低，呼吸和心跳变得不规则，如果从这个睡眠阶段醒来，会感觉全身无力，甚至心慌不适、无精打采。用闹钟设置好预期醒来的时间。如果感觉睡不着，即使是短暂的闭眼休息，也能为大脑和眼睛提供必要的放松。闭眼休息时尽量保持身体放松，呼吸平稳。

（4）使用放松技巧

在开始午休前，可以先进行几次深呼吸，帮助身心放松。尝试简单的冥想练习，比如想象一个平静的场景，或专注于呼吸与自己的身体每一个部位。可以听一些轻柔的音乐或自然的声音（如海浪声、雨声等），也有助于放松身心，尽快进入休息状态。

（5）醒后活动

午休醒来时不要急于起身，先在床上或椅子上静坐几分钟，让身体逐渐从休息状态转为活动状态。可以闭眼深呼吸几次，慢慢让自己清醒。

之后可以做一些简单的伸展运动，如伸展手臂和腿部，转动颈部和肩膀，以恢复身体的活力。

需要注意的是，午休并不适合所有人。每个人的生物钟和睡眠时间需求不同。有些人可能在午休后感到精神焕发，而有些人则可能感到更加疲倦或晚上难以入睡。是否午休以及午休多长时间应根据个人的具体需要和生活环境来决定。

对那些发现午休对自己有益的人来说，建议设定闹钟，控制午休时间，并在安静、舒适的环境中进行。而对于那些发现午休对自己不利的人来说，也不要感到奇怪，可以不午休，或者可以考虑其他提神的方法，如散步或做伸展运动。

### 3. 可以晚间小憩

有的人晚上放学后会有比较强的困倦感，这同样是生物钟造成的。就像很多人在午饭后有困倦感想要午休一样，如果晚上放学后有困倦感，也可以选择小憩一会儿。当然，与午休的道理一样，这种小憩并非适合所有人，要看是否对自己有帮助。

对于有的同学来说，经过一天的学习，晚上放学后的小憩可以帮助自己恢复精力，提高晚间学习的效率。而且如果学习压力比较大，短暂的休息可以减轻焦虑和压力。

但这种晚间小憩的时间不宜过长，不然可能会影响夜间的睡眠质量。而且，如果没有合理安排，晚上小憩可能会占用学习或其他活动的时间。

如果你发现自己需要晚上小憩，这里有几点建议。

（1）控制时间

与午休相似，将晚间小憩的时间控制在 20 分钟到 30 分钟。可以使用闹钟来控制小憩时间，避免过度休息。

（2）合适的环境

选择一个安静、舒适的环境进行小憩，要尽量让身体舒展开。

（3）小憩后的活动

小憩后，进行一些简单的伸展运动，帮助身体从休息状态过渡到活动状态。喝一杯水或洗把脸，可以帮助提神，恢复到学习状态。

总而言之，当你白天感到困倦时，可以阶段性地"补充能量"，让自己恢复精力，减轻身心的疲劳，记得用好课间休息，保证适度午休，可以晚间小憩。

# 第二章

# 有意识学习（learning with intention）：好成绩是设计出来的

········································

　　一两次的好成绩也许可以偶然获得，但长久的、持续的、全面的好成绩却很难靠运气或临时的努力来取得。不过，好成绩是可以通过有意识、有策略的学习设计出来的。

　　有意识的学习是一种积极主动的、目标导向的学习方式。在这种学习模式中，我们需要根据学习计划主动预习、记笔记、写作业和复习，并利用各种资源和策略来实现学习目标。

········································

## 2.1 预习：有备无患学得快

在学习的征程中，预习常被我们忽略。许多同学是等到老师在课堂上介绍新概念时才开始接触新知识，造成课堂学习效率低，需要花费很长时间才能理解和吸收新知识。

通过提前阅读和理解即将学习的内容，我们可以在正式的课堂学习之前建立起对该主题的基本理解。通过预习，我们能够更加主动地参与到学习过程中，减少课堂上的迷茫时间，充分用好课堂时间，并最终提升学习成绩。

### 2.1.1 明确方向：SMART 目标法

初中前，我并不知道学习有方法，只是单纯地认为学习就是背书考试。初中的时候，我第一次听到老师讲学习方法，讲到的是制定学习目标的重要性。

我还记得老师说，没有目标的学习就像没有目的地的航行。虽然这话听起来很有道理，但那时的我并没有真正领悟其中的含义。我不知道如何为自己设定一个合理的学习目标，也不清楚如何去追求和实现它。依然继续着背书考试的学习模式。

可是成绩最能说明问题，每当成绩单发下来的那一刻，我总是心情沉重，看着那些不尽如人意的分数，我感到无比的挫败。特别是理科成绩，让我不忍直视。我开始意识到，也许可以试试老师说的——给自己制定学习目标。

说起来容易，到了要做的时候，却不知道如何下手，我为此焦虑和迷茫了一段时间后，鼓起勇气去问老师。老师很耐心地教我如何将大目标分解为小目标，并教给了我一些实现这些目标的策略和方法。

我逐渐学会了设定短期和长期的学习目标，比如每周预习多少知识，做多少题，读多少书，等等。随着时间的推移，我开始看到了变化。我的学习更有方向和动力了，成绩也逐渐提升了。

目标对于学习来说至关重要，可以为我们提供明确的方向和动力，可以帮助我们为自己的学习旅程定下路线图，还是评估进步和成功的关键。因此，设定目标可以帮助我们集中精力，可以激励我们应对挑战，而且有助于我们做自我评估。

如何设定有效的学习目标呢？

我刚开始设定学习目标的时候犯过很多错误，比如我以前数学成绩不好，我为自己设定了"提高数学成绩"的目标，但好像并没有什么实际作用。后来我发现，我设置的目标太笼统了，不具备可实施性。

要设定有效的学习目标，可以用彼得·德鲁克（Peter F. Drucker）的 SMART 目标法。

SMART 目标法是 5 个英文单词的缩写，代表了目标应该是具体的（specific）、可测量的（measurable）、可达成的（attainable）、相关联的（relevant）和有时限性的（time-bound）。

### 1. 具体的：学习目标的精准定位

具体的目标是指要求具体且无误地定义你想要达到的效果。

例如，"学好数学"这个目标就不具体，虽然表达了一个总体愿望，但缺乏清晰的指向性和可操作性；而"在下次数学考试得到 90 分以上"是一个具体的目标，这个目标明确指出了具体的成绩要求和时间要求。

保证设定具体的目标，首先，要清楚地知道自己目前的学习水平。比如，你可能已经掌握了基础的数学知识，但在解决一些数学难题方面还有待提高。

其次，要基于当前水平，确定哪些领域最需要提升。

例如，如果你在几何题目上比较弱，那么可以设定目标为"本学期的数学期中测试的几何题全部答对"。

### 2.可测量的：量化学习进步的关键

将学习目标转化为可以量化的标准，以便能够具体地跟踪和评估进步。

例如，仅设定"我要提高数学成绩"作为目标，没有设定具体的跟踪和评估机制，无法有效衡量是否达成目标；如果将目标设定为"每周完成3套数学习题卷，并在完成后对答案和解题方法复习2遍"，通过记录每次练习的正确率和所用时间，可以评估自己在数学上的进步。

设定可测量的目标，首先，要确定哪些指标可以有效地反映你的学习进展。例如，在数学学习中，这可以是解决问题的速度、正确率或对特定概念的理解程度。

其次，要持续记录你的学习活动和成果，如练习题的完成情况、考试成绩或对新概念的理解程度。

### 3.可达成的：确保学习目标的现实性

目标应该是根据我们自身的能力和资源来设定的，既有挑战性，又在实际可行的范围内。虽然设定高目标有其积极性，但过于不切实际的目标可能导致产生挫败感并丧失动力。

例如，如果你当前的数学成绩是60分，却设定下次考试要得满分，这可能是不切实际的；如果将目标设定为从 60 分提高到 80 分，并制定相应的学习计划，这样的目标既有挑战性，又是在努力和适当的策略下可达成的。

设定可达成的目标，要基于你的当前水平，并考虑为了达到这个目标可以辅助你的资源，如学习计划、辅导资料、参考课程等，再设定一个合理的进步目标。

### 4. 相关联的：确保目标与长期计划的一致性

当短期目标与个人的长期计划相关联时，这些短期目标会变得更加有意义：不仅可以提高学习效率，还能阶段性带来满足感和成就感。

例如，如果你下周要考数学了，但这周的学习计划却没有与复习数学相关的学习目标相结合，就不符合这条原则；如果你的目标是报考理工类的专业，但是你目前的数理化成绩还有待提高，那么围绕提高数理化成绩制定当前学期的目标，就符合这条原则。

设定与长期计划相关联的目标：首先，要时刻清楚自己的长期目标是什么；其次，记得定期审视你的学习目标，确保它们始终符合你的长期计划和兴趣。

### 5. 有时限性的：为学习目标设定明确的截止日期

有时限性指的是为达成目标设定一个具体的时间限制。这种时间限制为学习过程提供了必要的紧迫感，促使我们更有效地计划学习活动，确保按时完成目标。

例如，如果只是模糊地设定"我要提高我的数学成绩"，没有具体的截止日期，就不符合这项原则；如果设定目标为"在下次数学月考之前，我的每次数学练习都要达到 90 分以上"，就明确了具体的时间限制。

建议定期制定详细的学习计划，包括每天或每周的学习任务，以及这些任务的完成时间，具体做法会在接下来的小节展开。

设定目标对取得好成绩至关重要。它不仅可以为我们提供方向和动力，还能够帮助我们保持专注，克服挑战，并在学习旅程中实现自我成长。

## 2.1.2 计划前行：学习时间表

在校学生需要应对不同学科的学习，需要安排休息和娱乐的时间，一个有效的计划可以帮助我们平衡这些不同的需求，从而更有效地管理时间。

制定学习时间表可以分成 3 个步骤。

### 1. 确定可用时间

首先，记录每天的固定活动，如上学、吃饭、入睡、干家务等。除固定活动外，找出空闲时间，可能包括放学后的时间、周末或其他可用时间。

由于生物钟不同，每个人在一天中有不同的高效学习时间段，比如有些人早上学习效率高，而有些人可能晚上注意力更集中。

## 2.分配学习时间

分配学习时间时要考虑每门学科的难度和重要性，可以按照学科难度和重要性分配时间。例如，如果数学对你来说比较难，那么应该为其分配更多的时间。

注意权衡好各学科的学习时间，确保在一段时间内所有学科都得到学习或复习。即使有些学科你已经掌握得很好，也不能完全忽略。阶段性的复习能有效地巩固记忆。

## 3.设定具体目标

除了大的学习目标外，还要注意为每个时段设定具体目标。例如，确定在每个学习时段要完成的练习题数量或要复习的特定章节。每个学习时段的目标要为总的学习目标服务，确保你设定的目标既具有挑战性，又是可实现的，避免具体目标让人感到压力过大。

例如，周一到周五的学习时间安排见表2-1。

表2-1　周一到周五的学习时间安排

| 时间段 | 事项 | 备注 |
|---|---|---|
| 6:30 | 起床 | |
| 6:30~7:00 | 复习昨晚睡前学习的知识 | 睡觉学习法 |

| 时间段 | 事项 | 备注 |
|---|---|---|
| 7:00~7:30 | 洗漱，早餐，准备出发 | |
| 7:30~8:00 | 上学途中复习 | 知识卡片 |
| 8:00~12:00 | 上课 | 课间充足休息、活动 |
| 12:00~12:30 | 午餐 | |
| 12:30~12:50 | 午休前复习 | 睡觉学习法 |
| 12:50~13:10 | 午休 | |
| 13:10~13:30 | 午休后复习 | 睡觉学习法 |
| 13:30~17:30 | 上课 | 课间充足休息、活动 |
| 17:30~18:00 | 放学途中复习 | 知识卡片 |
| 18:00~18:30 | 晚饭 | |
| 18:30~19:30 | 写作业 | |
| 19:30~20:00 | 体育运动或其他感兴趣事宜 | |
| 20:00~20:30 | 复习当天学习的课程 | |
| 20:30~21:00 | 休闲时间 | |
| 21:00~21:30 | 预习第2天的课程 | 休息5分钟 |
| 21:30~22:00 | 睡前复习 | 睡觉学习法 |
| 22:00 | 睡觉 | |

周六、周日的学习计划时间安排见表2-2。

表2-2 周六、周日的学习计划时间安排

| 时间段 | 事项 | 备注 |
|---|---|---|
| 6:30 | 起床 | |
| 6:30~7:00 | 复习昨晚睡前学习的知识 | 睡觉学习法 |

续表

| 时间段 | 事项 | 备注 |
|---|---|---|
| 7:00~7:30 | 洗漱，早餐 | |
| 7:30~9:30 | 专注于学习或复习较难的知识 | 按番茄工作法原则中途安排休息 |
| 9:30~10:00 | 休闲时间 | |
| 10:00~12:00 | 复习本周知识 | 按番茄工作法原则中途安排休息 |
| 12:00~12:30 | 午餐 | |
| 12:30~12:50 | 午休前复习 | 睡觉学习法 |
| 12:50~13:10 | 午休 | |
| 13:10~13:30 | 午休后复习 | 睡觉学习法 |
| 13:30~14:30 | 户外活动或居家运动 | |
| 14:30~15:30 | 休闲时间（如与家人或朋友共度时光） | |
| 15:30~18:00 | 复习一周所学，进行拓展阅读 | 按番茄工作法原则中途安排休息 |
| 18:00~18:30 | 晚饭 | |
| 18:30~19:00 | 休息，轻松阅读或其他兴趣事宜 | |
| 19:00~21:00 | 再次复习，同时预习下周课程 | 按番茄工作法原则中途安排休息 |
| 21:00~21:30 | 休息，轻松阅读 | |
| 21:30~22:00 | 睡前复习 | 睡觉学习法 |
| 22:00 | 睡觉 | |

以上学习时间安排在设计时考虑了几个因素。

- 保障睡眠时间：每天晚上的睡眠时间安排为 8.5 小时，午休为 0.5 小时，每天共计 9 小时的睡眠休息时间，基本可以满足充足睡眠时间的需求。

- 利用睡觉学习法：融入了睡觉学习法在睡前和醒后的学习时间，学习和复习的效率更高。这里为睡前和醒后分别安排 30 分钟，可以适当缩短，但如果学习时间过长，则可能因为注意力不集中等因素达不到睡觉学习法的预期效果。

- 保证作息统一：就算是在周末，也没有刻意安排更多的睡眠时间，而是将周末的起床和睡觉时间与平时保持一致，这样可以培养稳定的生物钟，避免周末睡太多或作息时间被打乱而影响平常的学习。

- 做到劳逸结合：每天除了学习之外，还要安排一定的休息时间，周末的休息时间安排可以更长；每天都安排了体育运动或兴趣爱好的时间；周末的学习和复习也要按照番茄工作法原则来安排休息时间。

- 考虑学习效率：人在一天当中不同的时间段有不同的学习效率，所以在有的时间段安排学习比较难的知识，在有的时间段安排学习比较简单的知识；考虑了专注和记忆的效率，以及学习的需求，在有的时间段安排预习，在有的时间段安排复习。

学习时间表不是为了看的，而是要用的，关键在于落地执行和适时调整以确保其有效性。

### 1. 日常检查

每天开始时，花几分钟时间检查当天的学习时间表。这有助于你清晰地了解当天的计划，并为其做好准备。

如果有必要，根据当天的具体情况（如突发事件或变化的学习需求）对学习时间表进行微调。晚上在结束一天的学习后做个复盘，简要记录完成的任务和未完成的任务，以及可能的原因。

### 2. 周末回顾

到了周末，要花时间回顾过去一周的学习情况。关注哪些是完成的任务，哪些是未完成的任务，以及那些特别成功或困难的学习事项。分析是否有足够的时间用于学习，休息是否充足，以及是否有浪费时间的情况。

根据周末的回顾，对下周的学习时间表进行调整。

### 3. 灵活调整

理解学习需求和生活节奏会随时间变化，对于时间表的调整保持开放和可灵活调整的态度。

如果发现时间表安排得过于紧张或过于宽松，或者因为其他突发事宜需要调整，就果断做出适当调整。

随着时间的推移，你的学习需求和生活安排也可能会发生变化，因此，每隔一段时间（如每个学期）进行一次长期调整也是必要的。

同时学习时间表在最初就应设计一定的弹性空间。比如在某些时间段之间预留少量的时间空档，以应对突发的学习任务或其他紧急事件。

虽然制定学习时间表的主要目的是达成学习目标，但要确保安排足够的休息时间，同时为兴趣爱好、体育运动、亲友互动等留出时间。学会合理规划和使用每一分钟，不仅有助于你取得好成绩，还可以帮助你养成良好的行为习惯，对未来的人生规划有帮助。

## 2.1.3 难点记要：预习看不懂怎么办

预习很重要，然而预习过程常常会遇到难以理解的知识。这时候我们首先要认识到预习并不是要学会，预习并不是要完全掌握所有内容，而是为了在正式授课前对即将学习的知识有大致的了解和思维框架。在预习过程中遇到难点时，要明白这很正常，不必过分焦虑。

反而，预习时能够发现难点是好事，这代表我们成功地找到了接下来要学习的重点，可以在课堂上或者与老师同学的交流中进行专项突破，有助于深刻地理解和学习知识。

如果预习的时候什么都能看懂，什么都能学会，一点难题也没有，反而应该思考会不会是我们把一些知识想简单了，是不是预习的时候没有经过深思熟虑就很快"滑"过去了。

当然也不排除存在天赋异禀的天才一学就会的情况（反正我不是天才）。

预习时，假如遇到看不懂的内容要怎么办呢？

## 1. 持续前进

当在预习中遇到难以理解的内容时，不要停下来过分纠结，可以先用笔记或标签明确标记这些难点。标记时可以简要写出为什么这个点对于你是难点，是因为缺乏背景知识、概念复杂或书里解释得不清楚等。

这种标记有助于之后的学习，为课堂上提问或与同学间的讨论做好准备。

维持学习的连续性至关重要，预习的过程不要被难点耽误太长时间，继续往后预习，也许你会发现，随后的某段内容或某个例子可以帮助自己理解之前的难点。

学习一个新主题时，整体理解通常比理解每一个细节更为重要。通过连续的预习，可以获得对该主题更全面的视角，这有助于连接先前的知识点，也往往能使难点变得更加清晰，因为知识是相互关联的。

## 2. 用自己的话表述

尝试用自己的话来简单总结已经理解的内容。这种主动学习并输出的过程能够增强理解和记忆。

当我们试图用自己的话解释一个概念时，就必须首先彻底理解这个概念，这就自然而然地推动了更深入的思考。

用自己的话来表述时可以识别哪些部分是我们真正理解的，哪些部分还需要进一步弄清或学习。这个过程不仅有可能进一步理解那些看不懂的内容，还有助于发现先前可能被忽视的理解上的缺口。我们可能会发现自己对某些概念的理解不如预期那么清晰。因此这是一个重新审视预习效果和深入探索新知识的良机。

### 3. 整理问题与探究解决

将这些难点整理成具体的问题。例如，将"我不明白这个公式如何推导"转化为："这个公式的推导步骤是什么？有没有相关的例子可以帮助我理解？"

听课前，尝试对这些问题做一些初步研究，有时候心静下来仔细阅读与思考能帮助你理解。

另外，可以查阅参考图书或上网搜索，这种初步的自我探究会解决部分问题，并且让你对问题有更深、更广的理解。

### 4. 主动提问和相互讨论

对于那些初步研究仍未能解决的问题，不要因为害怕或羞涩而不敢向老师提问。就算在你提出问题前，老师讲课解答了你的疑问，如果你觉得自己理解得不够透彻，还是可以向老师提出来。

可以事先练习如何表达这些问题，以确保能够清晰准确地提出问题。注意听取老师的答案和观点，这些信息可能会为你提供新的视角或更深入的理解。

和同学一起讨论预习中的难点也可以激发新的思路。不同的人对同一个问题可能有不同的理解，这可以帮助你从更多的角度看待问题。

如果面对面讨论不可行，可以考虑使用社交媒体或学习论坛进行在线讨论。这样可以在任何时间和地点与其他同学交流思想。这里要提醒，如果你还未成年，请在家长的监督或陪同下使用社交媒体或学习论坛。

### 5. 反思与调整

问题解决后，要注意花时间反思和总结这个过程。理解为什么一开始这是个难点，以及是怎样的解释或方法帮助你解决了这个难点。这种反思有助于巩固新学会的知识，并可能为今后处理学习难题提供思路。

有时觉得自己懂了，但其实不一定是真懂了。在搞懂难点后，可以通过实践和反馈来检验对难点的理解，例如可以通过做练习题、在笔记中写摘要或教别人解题来验证。

根据反馈，调整自己的理解。如果难点仍然存在，可能需要更多的时间去理解，或尝试寻找更多的学习资源解决难题。

难点可以是拦路虎，也可以是让我们学习成长的阶梯。每次遇到难题时，不能一味地只盯着如何解决问题，而要以此为鉴，总结哪些行动或思维方式帮助你解决了问题，哪些可能导致了困难。

甚至，你可以尝试建立一个学习日志，记录遇到的难点及如何解决这些难点的经验。这些记录将作为你未来遇到类似问题时的宝贵资源。

总之，预习中有不理解的地方是学习过程的一部分，是常事，也是好事。学习是一个不断探索和发现的过程。每个难点都是深化理解和提升思维能力的机会。

搞懂这些难点的过程，不仅有助于建立更加全面和连贯的知识框架，而且还能提高学习效率和自信心。

## 2.2　笔记：整理吸收学得全

通过记笔记，我们不再是被动地接受信息，而是主动地加工和理解这些信息，从而增强对知识的掌握。

记笔记不仅可以帮助我们更有效地学习和复习，还能够培养我们的组织能力、专注力和表达力，是学习过程中不可或缺的一部分。

## 2.2.1　组织回顾：康奈尔笔记法

说起记笔记的方法，最著名的当属康奈尔笔记法（Cornell's note taking method），这也是我长期在使用的记笔记方法。

康奈尔笔记法是目前全球公认通过记笔记高效学习的极佳方法，这种记笔记的方法是康奈尔大学的教授沃尔特·鲍克（Walter Pauk）提出的。

康奈尔笔记法首先强调笔记本的页面形态，记笔记的时候讲究一定的布局和结构策略，这有助于学生更好地组织、理解和回顾课堂内容。这种方法将笔记页面分成3个部分，分别是笔记区、关键词区和摘要区，如图2-1所示。

### 1. 笔记区

笔记页面的右侧是主要的笔记区。这个区域的主要目的是记录课堂上的关键信息，包括讲解、概念、事实和思想。在听课或阅读的时候，我们可以将知识、解释和例子记在这里。

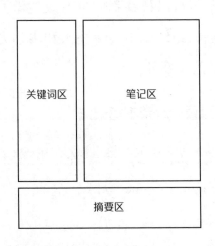

图 2-1　康奈尔笔记法的页面形态

　　这部分笔记应该尽可能完整和清晰，可以用图表、图形或思维导图来表示复杂的概念或关系。这些工具可以帮助我们理解并记住抽象或复杂的信息。

　　为了提高这部分的记录效率，可以使用标准的或个人化的缩写和符号。要注意确保这些缩写和符号对自己来说是明确的，以便日后复习时能轻松理解。

　　注意保持笔记整洁。清晰的笔记不仅便于阅读，也更有助于复习和学习。记录这个部分的时候可以使用大标题、小标题等标题分级的方式，将笔记内容结构化，这样有助于区分不同的概念。如果知识体系比较散，也可以直接使用段落和空格来区分不同的概念。

笔记区并不是一成不变的，在记录这部分信息的时候，可以刻意留出一些空白区域，以便之后根据需要补充信息、修改信息或增加更多的个人理解，使笔记更加完整。

### 2. 关键词区

页面的左侧用于识别并记录与笔记内容直接相关的关键词或核心概念。这些关键词要对笔记内容的右边部分进行准确的归纳。同时，思考并记录与笔记内容相关的关键问题，这些问题可以是对概念的探究，也可以是理解过程中的疑问。

这里的关键词和问题应该是简洁、明确且容易理解的，这样不仅可以节省空间，而且在复习时可以快速唤起对应的详细内容，有助于快速回顾和理解。如果需要，可以使用箭头或线条来表示左侧关键词和右侧详细笔记之间的关联性。

如果在课堂上或自学过程中遇到了不明白的点或有深入探讨的想法，应该立即在关键词区记录下来。这些问题可以在课后自学或与老师、同学讨论时提出。

在复习时，可以首先查看左侧的关键词和问题，尝试回忆右侧的详细笔记内容。如果发现有难以回忆的部分，再重新审视右侧的笔记，加深记忆和理解。

对于在关键词区提出的问题，要在学习过程中寻找答案。找到答案后，可以在关键词区旁边记录下来，以便日后复习和参考。

### 3. 摘要区

页面底部的摘要区用于总结、整理和回顾。在摘要区，我们要将笔记中的主要知识点和核心概念简要概述，尝试把重要的理论、观点、事实、发现以一种简洁、精练的方式表达，使摘要既全面又简洁。

在编写摘要时，可以努力将不同部分的知识联系起来，形成一个整体的大局观。这个过程可以理解笔记中知识的相互关联，用自己的话总结有助于深化理解。摘要的语言要简洁明了，使用清晰的句子结构，避免冗长或复杂的表述，这可以让未来的复习更加高效。

摘要是为复习做准备的，是笔记的精华部分，需要整合和简化的知识，可以作为快速参考，使你能够迅速地重新进入学习状态。如果你不知道该怎么写摘要内容，可以想象自己在未来复习时的需求，参照那个需求写。

摘要区在考试复习笔记时非常有用。它可以提供快速参考的概览，可以在短时间内帮助我们回顾笔记重点。

在后续的学习过程中，你可能会更深入地了解一些概念。这时候，可以对摘要区进行修改和补充。

整体而言，康奈尔笔记法通过其独特的布局和应用理念，可以帮助我们在课堂上和课后有效地整理和理解知识。这种方法促进了信息的有序记录，使得学习过程更加系统和高效。

记笔记有方法无定法，笔记可以是个性化的。康奈尔笔记法是一种通用的记笔记方法，然而每个人记笔记的风格和笔记里的内容可以是有所不同的，也应该形成一种属于自己的、更适合自己的记笔记方法。

笔记除了可以个性化外，还可以在用途和场景上不同。在接下来的内容中，我会介绍读书笔记、听课笔记和错题笔记的记录方法和要点。这3种笔记是学霸们常会用的笔记类型，对提升学习效率、提高考试成绩大有帮助。

## 2.2.2 读书笔记：形成知识体系

记读书笔记是一种增强对书本知识理解和记忆的有效方法。当我们读书时，不可避免地会遇到大量的新信息和复杂的概念。通过记笔记，我们能够将这些信息和概念转化为自己的语言和理解，从而更好地吸收和记住它们。

当我们用笔记录下书中的重点或自己的想法时，实际上是在与图书进行对话。这种互动方式可以让阅读过程更加生动有趣，同时防止我们的思绪游离。

在未来需要回顾书中的内容时，有组织的读书笔记将大幅简化复习过程。我们可以快速地浏览笔记，回忆起书中的主要观点和论据，而不必重新阅读整本书。

记读书笔记还能够激发我们的创新和灵感。在阅读时，我们可能会产生一些与所读内容观点不同的想法或者对某个概念的不同解释。通过将这些想法记录下来，我们可以创建一个灵感的仓库，日后在需要时汲取灵感。

我们也可能会对作者的论点、证据的有效性或文章的逻辑结构提出问题，提升我们的批判性思维。

记读书笔记，要做好 3 个关键步骤。

## 1. 选择合适的笔记格式

不同格式的笔记适合记录不同类型的内容，除了康奈尔笔记法的笔记格式外，读书笔记有 3 种比较常见的记录格式。

- 线性笔记：这是比较传统的笔记格式，可以按照时间或逻辑顺序排列信息，比较适合记录文科类知识，例如历史事件和地理知识等。

- 流程图：通过清晰的结构帮助我们理解事物的逻辑变化或发展过程，适合描绘步骤、程序或事件的顺序，在理科类知识的记录中非常有用，例如数学的解题思路、物理现象的原理、化学反应的过程等。一些逻辑比较明确的文科类知识也可以采用流程图来记录，例如有时间线的历史事件的发展。

- 思维导图：通过中心思想辐射出多个分支，展示不同概念或知识点之间的关系。特别适合整理复杂的理论，文科、理科都适用，例如文学作品的主题分析、理科概念的关联性整理和各类学科知识体系的结构等。

笔记格式不是固化的，在实际操作中，可以根据阅读内容的特点灵活选择或结合使用不同的笔记格式。比如，在记录一个物理实验的实施步骤时，可以先用流程图概括整个过程，然后用线性笔记详细记录每个步骤的具体内容。

每个人都有不同的理解方式和记忆方式，因此笔记的格式也需要适应个人的学习方式。有的同学可能更喜欢图形和视觉元素，而有的同学可能更倾向于文字和列表。

不要害怕创新或调整自己的笔记格式。例如，可以在线性笔记中加入图表和符号来强调关键点，或者在思维导图中添加详细的文字描述来增强理解。没有所谓正确的笔记格式，你用起来顺手，觉得适合你的，就是最好的笔记格式。

如果不知道哪种笔记格式适合自己，可以先尝试不同的笔记格式，并根据效果进行调整。最适合自己的笔记方法可以通过持续练习和不断反思来养成。

通过了解和选择适合自己的笔记格式，我们可以更有效地整理和理解阅读材料，从而提高学习效率，优化学习效果。

### 2. 识别核心概念

读书笔记是记录重点，不是抄书。能够识别和理解核心概念，才能记好读书笔记。具体怎么做呢？

首先，要关注章节标题，章节标题通常概括了书中的核心概念或主题。理解这些标题可以帮助预测和构建对即将学习内容的整体理解框架。标题中的关键词可能是理解书中核心思想的线索。这些关键词有助于识别关键概念和理论。

在深入阅读之前先阅读所有章节标题，这样可以帮助我们构建对书中整体结构的认识，从而更好地安排学习重点和时间。

其次，要提炼主要信息。阅读时，避免被过多的细节所困。要专注于提炼出每个部分的主要观点或概念。每段一般都会有主题句，一般都是在段首或段尾出现。这几句话往往就可以把整个段落的主旨概括出来。

在阅读每个部分后，问自己："这部分的主要信息是什么？"这有助于区分主要观点和次要细节。

可以在书中使用标记。使用高光笔在书上突出显示关键概念和主要信息。这种视觉突出有助于加强记忆，也方便之后的回顾。

如果不想在图书上做标记，可以使用便签纸记录关键信息，并将其贴在相关页面旁边。这样既保护了书，又能有效地记录信息。

阅读过程中随时做标记，这种实时的标记可以帮助捕捉思维的火花，同时加深对阅读内容的理解和记忆。

### 3. 反思和扩展

每次阅读结束后，要花时间整理和回顾笔记，并总结每个章节或主题的核心思想。这有助于巩固学到的内容，并确保理解了最重要的概念。为每个主题或章节编写一个简短的摘要，最好用自己的话来概述关键点。

我们可以尝试将新学到的内容与已有知识和经验联系起来。这种联系有助于构建知识网络，从而形成更加丰富和多维的知识结构。

例如，一个物理概念可能与数学原理相关，一个历史事件可能对理解某个文学作品有重要意义。

在笔记中提出阅读内容的探索性问题。这些问题可以是关于未解决的谜团、概念的深层含义或可能的应用场景。

不要害怕提出难以回答的问题。这种自我挑战有助于激发好奇心和进一步的研究兴趣。将这些问题视为未来深入学习的起点，在后续的学习中，可以专门寻找这些问题的答案，从而使学习过程更加有目的和深入。

读书是一种主动学习方式，要让这种主动学习方式发挥最大效果：记读书笔记形成知识体系的过程，可以促进我们深入思考。高效的读书笔记，不仅能让我们更好地掌握学科内容，还能在思维和理解上获得显著的提升。

## 2.2.3 听课笔记：记录知识要点

有的同学认为上课记笔记可能听不好课，所以不喜欢记听课笔记。这是一个典型的认知误区。

对大多数人来说，想要高效地听课，记听课笔记是必要条件。俗话说"好记性不如烂笔头"，如果不是记忆力超强的极少数人，很难记得住老师讲过的每个重点和难点知识。

另外，如果听课的时候什么也不记，就只是听，很容易走神。在课堂上积极记笔记，反而更容易提高我们对老师讲解内容的关注度，减少走神的可能性。

有效的听课笔记不仅能帮助我们记录重要信息，也有助于我们在课后理解和消化课堂上所学的内容。

要记好听课笔记，有 3 个关键点。

## 1. 记录技巧

很多同学在记听课笔记时有个典型误区，就是想要记录下老师讲过的每句话。还有的同学会使用录音笔，再在课后听录音抄写下老师讲过的所有内容。这样做是非常低效的。听课笔记是要捕捉和记录课堂上的关键信息，而非所有信息。

课程开始前，可以先记录下课程的主题。这有助于定位整个课程的核心内容，也为笔记设置了一个明确的焦点。如果老师在课程开始时提供了课程大纲或要点，我们可以提前把它们记录在笔记中。课程大纲或要点可以帮助你理解课程的结构和重点。

然后根据课程大纲整理笔记，使用标题来分割不同的部分或概念，这种结构化有助于后期复习和理解。

上课时，务必要专注于老师强调的关键概念。这些是理解整个课程的基础，是知识的核心，往往也是考试的关键。

尽可能用自己的话复述听到的信息。这个过程不仅是对听到内容的初步消化，也有助于检验自己是否真正理解老师讲的知识。尝试以简单的语言解释复杂的概念或理论。如果能用简单的话语表达出来，通常意味着你已经理解了这个概念。

### 2. 活用符号和缩写

课堂上老师讲解的节奏可能比较快，如果我们全部用文字来记笔记，可能来不及。这时候，可以试试利用符号和缩写，不仅能节省时间，还可以节省空间，说不定可以让记笔记的效率大幅提升。

可以选择一些常用的符号来代表常见的单词或概念。例如，使用"&"代替"和"，使用"="表示"等于"，使用"→"表示"导致"或"推出"。

符号不一定要符合通用规则，可以自己开发，保证自己知道含义、用起来方便即可。例如，用"※"表示非常重要的概念，用"△"表示一般重要，用"○"表示有待解决。

对于频繁出现的短语，可以利用学科内通用的特定缩写方式，例如历史中的"第一次世界大战"可以缩写为"一战"，也可以创造自己的缩写，例如"例如"可以缩写为"例"或"eg"，"因为"可以缩写为"因"或"∵"。

使用符号或缩写时要注意统一标准，在所有笔记中使用相同的符号和缩写标准，这样可以避免混淆，同时在复习笔记时可以快速理解其含义。刚开始使用缩写和符号时，可以制作一份参考表来记录你所使用的缩写和符号及其对应的全称或意义。

随着学习深入，可能需要引入新的符号或缩写，这时候可以定期更新。但需要注意确保新加入的符号或缩写不与现有的产生冲突，且不要随意更改自己的符号或缩写标准，确保符号或缩写含义的一致性。

### 3. 后期整理

由于学生听课有时跟不上老师的讲课节奏，所以听课笔记很容易记录得比较凌乱。课程结束后，要尽快复习和整理笔记。这可以加强对课堂讲授内容的理解，也可以帮助记忆课堂上学到的信息。

复习过程中，检查是否有遗漏的重要概念或不清晰的部分。如果有，可以查阅课本或询问同学和老师，以补全和弄清这些内容。

如果初次记录的笔记过于凌乱或难以理解，可以考虑将其重写或整理。整洁、有组织的笔记更有助于将来复习。这个过程也可以反推：如果不希望重写笔记，记听课笔记的时候可以留有一定的空白区域，方便后期修改而非重写。

这里也能看出在前期准备的时候，使用清晰的标题来结构化笔记内容有多重要。这样即使要修改的内容比较多，在笔记整体结构上也不至于出现逻辑混乱的情况。

好的听课笔记不是对老师讲课内容的简单重复，不是把老师的话变成文字记录，而是帮助我们理解和消化课堂上听到知识的有效工具，是帮助我们复习的高价值资源。

通过做好以上 3 个关键点，我们可以更有效地记录和理解课堂内容，从而切实提高学习效率和考试成绩。

### 2.2.4　错题笔记：完成查漏补缺

我上学的时候，错题笔记曾经是我的"秘密武器"。周围不少同学没有记错题笔记的习惯，只是跟着课本内容或老师的讲课进度，系统记录知识点。

但我会专门整理一个错题笔记本，定期复习自己做错的题目，尤其是考试前重点复习错题笔记，这样自己的同类型错题越来越少，成绩也越来越好。

可见，除了读书笔记和听课笔记外，要提升考试成绩，错题笔记也是一种不可缺少的笔记格式。通过系统地记录和分析错误，我们可以加深对相关概念的理解，避免犯同样的错误。

记错题笔记时，有 3 个关键步骤。

### 1. 记录错题

完成练习或考试后，将所有答错的题目详细记录下来。错题本中记录的内容应当包括题目本身、错误答案、错误原因、正确答案以及正确答案的解题思路。

如果错题是理科类问题，例如数学题，则应当包括所有的计算或推导步骤。如果错题是文科类问题或理解性问题，例如语文中的阅读理解，在原题目内容比较多的情况下，可以只记录原题目所在的位置及你的思考过程。

### 2. 分析错误原因

深入反思每道错题背后的错误原因，根据错误的类型进行分类，记录下你对每道错题的分析和思考过程。常见分析错误的原因及应对策略包括以下类型。

- 概念误解：知识点的理解出现了偏差或混淆。应对策略是重新学习相关概念，找到更多解释和例子，或寻求老师及同学的帮助。

- 粗心大意：因疏忽或匆忙而犯的低级错误。应对策略是审题更仔细，多做练习以提升注意力和细节把握能力。

- 计算错误：在数学或科学问题中出现的计算失误。应对策略是反复练习计算，注意自己到底是在哪个计算步骤出了问题，审查解题步骤。

- 缺乏解题技巧：对解题方法和策略不熟悉。应对策略是学习不同的解题方法，比如画图、列式子、逆向思维等，多做相关类型的题目来巩固技巧。

- 概括错误：在阅读理解或文章分析中对信息进行了错误的归纳或概括。应对策略是多读多练，注重对文章细节和主旨的理解，提升阅读分析能力。

- 记忆不牢固：对知识点未重视或遗忘。应对策略是将这部分知识纳入复习计划，定期回顾知识点，使用记忆技巧如联想、讲解给他人听等。

- 考试策略不当：未能合理分配时间、不按顺序解题或未读清题目要求。应对策略是平日加强练习、模拟考试，学会合理安排时间和充分理解题目。

- 心态影响：因紧张、焦虑或压力导致的失误。应对策略是练习放松技巧，保持良好的心态，如深呼吸、有规律地运动等，从而建立自信心。

### 3. 查阅记录正确答案

找到每道错题的标准答案。不仅要知道错题的正确答案是什么，更重要的是理解为什么这是正确答案，要清楚原理而不是答案本身。要复习相关的知识点或学习新的解题方法。

有的题目可能不止一种解法，建议将这些解法全部记录在错题本上。把错误答案和正确答案进行对比，找出两者之间的差异，可以帮助你深入理解题目。

错题笔记的关键不在于记，而在于用。如果只记不用，那错题笔记难以发挥其价值。如何用好错题笔记呢？

### 1. 定期复习

在学习计划中安排固定的时间用于复习错题笔记。可以是每周一次，考试前可以加大复习力度。复习时，重点关注那些你曾经做错的概念或步骤。要保证你不仅能记住正确答案，而且能理解解题的逻辑和概念。

### 2. 反复练习

在理解了正确答案之后，要尝试重新练习和解答这些题目。对于多次犯错的题目，要进行反复练习，直到你能够不假思索地快速解答。这种重复是为了确保相同的错误不会再次发生。在重新练习时，应尽量模拟考试环境，比如限制时间。

### 3. 发现弱点

定期检查你的错题笔记，寻找是否有特定类型的题目或概念经常出错，分析你犯错误的趋势。通过总结易错题目类型，你可以发现自己学习上的弱点。如果你在某个概念或题型上持续出错，除了自己搞懂外，也可以寻求老师或同学的帮助，或许有更新颖、易懂、易记的解题思路。

4. 专项练习

将那些你经常出错的概念或题型纳入你的日常学习计划，并制定专项练习计划，专注于克服这些难点。

还要根据错题笔记中发现的弱点，及时调整你的学习策略。例如，如果你在时间管理方面出现问题，那么在练习时要注意时间限制。

你可以记录下自己的改进和成长，这将有助于提升你的自信心和学习动力。

当然错题笔记也不一定写在纸质笔记本上，有的同学把做错的考试题剪下来做成卡片收集在一起，用起来效果也不错。你也可以根据个人习惯和需要来设计属于自己的错题笔记。

## 2.3　作业：每天练习学得精

在学习道路上，练习和重复是不可或缺的，这正是作业存在的价值。作业可以帮助我们巩固新学的知识，防止遗忘。通过正确对待和做好作业，我们可以得到有效的练习和复习，这将减少考试焦虑，让我们对学习更加自信，从而取得更好的成绩。

### 2.3.1　培养题感：写好作业可以提高成绩

我初二那年暑假，妈妈因工作原因把我送到表姐家住，让表姐带我一个月。我表姐那年高二，马上要备战高考了。她带我的方式，竟然是让我跟她一起写暑假作业。

在那之前，我一直觉得作业就是老师布置的"任务"，影响我的休闲时光。我记得那是一个阳光明媚的下午，我坐在表姐身旁噘着嘴，表姐则专注于她的作业，那种专注让我不禁感到敬佩。

我一直以为像表姐这样的学霸，因为天赋异禀，所以对作业不会太过在意。但是，当我看到她那一丝不苟的态度时，我意识到我大错特错了。

我写作业的时候，面前只有一个作业本，但表姐的面前有课本、笔记本和辅导教材。她做一会儿作业后，会查找翻阅一下这些内容。

我写作业恨不得奋笔疾书，10分钟就完成，但表姐似乎并不追求快，她会仔细思考，确保做对每一道题，甚至确保每一个解题步骤都准确无误。

我不禁开始反思自己的态度。看着我草率完成的作业，心中涌起了一股冲动，想要重新写一遍。我开始意识到，不是学霸们天生懂得多，而是他们在别人不重视的作业中也会投入极大的精力。

后来的学习生涯我会刻意观察周围的学霸们对待作业的态度。我见过的学霸不少，就没见过不重视作业的学霸。

作业不是老师布置的任务，所以不能以一种完成任务的心态对待作业。

作业提供了一个反馈机制，帮助我们评估自己的学习进度和理解程度。

在写作业的过程中，我们可能会犯错或遇到不理解的问题，但正是通过这些错误和疑惑，我们能够及时发现问题，及时改正问题，并吸收新的知识点或解题技巧。

这种及时的纠错和调整能力，使得我们在面对考试时能够更全面、更准确地应对各种题型，从而提高考试成绩。

作业也是所学知识的实践和应用。通过完成作业，我们可以接触到更多的题目，从而培养出自己对各种题型的熟悉程度。这种熟悉程度不仅包括对题目形式和结构的了解，还包括对解题思路、方法的熟练掌握。

因此，写好作业可以渐渐地培养出我们对题目的敏感度和对题型的把握能力，即所谓的"题感"。

如何正确利用作业，通过写作业培养题感呢？

## 1. 把写作业当成模拟考试

有的同学把作业当成一项例行的任务，在写作业的时候倾向于快速浏览和匆忙地翻阅题目，导致对题目的理解不充分，没有认识到题目的本质，就匆匆提笔。或者写作业的时候只是不经过思考地抄书或机械地抄资料，这种态度可能会妨碍学习进步。

写作业的正确心态是把写作业当作模拟考试。写作业的时候，要注重对问题的理解和思考，要像在考试过程中一样完全理解每一个词，确保没有遗漏任何关键信息，而不只是匆忙完成任务。这种心态可以让我们更有深度和动力寻求解答问题的方法。

认真对待作业，相当于在为考试做准备。做的题多了，我们就可以掌握不同的问题类型，这有助于考试时更快地调用相关知识。

要把写作业作为模拟考试，就要有时间限制。例如，今天晚上的数学作业，要在 30 分钟内完成。给自己设定时间限制也有助于提高写作业的专注度，防止拖延。

## 2. 主动思考解题策略

有的同学写作业时稍微遇到一点困难，就忙着翻课本、找答案甚至直接放弃，等同学写完作业后便求助于同学。这同样无法让作业发挥出其应有的作用。

在查看答案或求助于别人之前，自己先要花时间独立思考，先尝试依靠自身的理解找到解决问题的方法。

即使第一次尝试失败了，也不要放弃，我们可以尝试不同的方法。即便最终需求助于他人，也是带着思考有针对性地提问，只讨论卡住自己的难点而非全盘接收。我以前经常会把写作业当成一种思维游戏，借助写作业来让自己的思维变得灵活。

### 3. 复习错题

作业是错题笔记的主要素材来源。在作业中出错是好事，错题帮助我们提早发现学习的薄弱环节，作业中出错总好过考试中出错。因此要珍惜作业中的错题。

对于每道错题，要深入分析为什么会出错：是因为理解错误、计算失误，还是没记住要点？

对于在作业中经常出错的题型如何解决的问题，可以从 2.2.4 小节的方法中寻找答案。

我在哥伦比亚大学的一个学霸同学常说一句谚语，翻译成中文是"做个离题近的人"。我想她想表达的意思是：你把时间都用在知识上，你能学会知识；你把时间用在做题上，你就能学会做题。

通过持续的作业练习，我们可以逐渐积累解题的经验和技巧，逐步提高解题的速度和准确性，从而有助于我们在考试中更从容地面对各类题目。

## 2.3.2 拒绝磨蹭：应对拖延的 10 分钟法则

工作以后认识的朋友多了，大家偶尔会聊孩子晚上回家写作业的话题。不少同事说自己的孩子晚上写作业能写到凌晨一两点，根本没有时间学习。

我不敢说每个老师在布置作业的时候都会控制作业量，但至少让学生晚上写作业到一两点这种事大概率不是老师的初衷。

这让我想起来当年我上学的时候，身边有些同学也是这样，第二天在班里抱怨自己晚上作业写不完。

我那时的第一反应是觉得奇怪，同样的作业量，为什么我晚上就不会出现写不完的情况？

后来与同学交流，我发现很多同学写不完作业的主要原因有两个：一是因为作业不会做，又不知道怎么办，卡在一处地方太久，耽误了大量的时间；二是因为晚上回家先做了很多其他事，开始写作业的时间比较晚。

作业不会做的问题，我将在下个小节说。这个小节，先说说作业拖延的问题。

有的同学放学回家的安排是这样的：吃饭，看电视，打球，洗澡，看书，等到开始写作业已经是晚上9点了。

这个时候他可能已经有了睡意，写作业的效率不高，再加上经过前面的折腾，作业中涉及白天学过的知识好像没了印象，要想好久才能回忆起来。

我以前会奇怪：为什么其他同学不是晚上放学回家后先写作业呢？

我已经习惯了一回家马上写作业。放学早的时候，吃晚饭前就能写完；放学晚的时候，一般也能在晚上8点前写完作业。我从来不记得自己写作业有超过晚上9点的情况。这都得益于我回家后一定要先写作业的好习惯。

我的这个习惯是妈妈帮我养成的。从小学一年级开始，我每次回家，妈妈都说"先写作业再玩"，然后妈妈会时不时看我是否在写作业，我也只能在妈妈的"监督"下乖乖写作业。

久而久之，先写作业就成了我的习惯，甚至我放学一到家不写作业就浑身难受。要是哪天老师没布置作业，别的孩子挺开心的，我在学校也觉得开心，但在回家后感到怪怪的，因为不需要写作业好像少了点什么，就像早晨起床没刷牙、没洗脸一样有种少做了某件事的感觉。

对学生来说，很难刚开始就理解作业的重要性，管不住自己，总想玩，这是正常的。那时候妈妈教给我的方法是"别思考，一回家就坐下来开始写作业"，想得越多，越不容易行动。有时候什么都不想，反而更容易开始。

后来我明白这个方法就像彼得·霍林斯（Peter Hollins）提出的 10 分钟法则。

10 分钟法则的核心思想是将注意力集中在开始任务的最初 10 分钟。它的本质是降低开始的门槛，从而减小开始的难度。对于很多人来说，开始通常是最难的。一旦开始，人们通常会发现自己其实比想象中更有能力和动力去完成任务。

写作业就是这样。只要能开始写作业，接下来持续写完作业就比较容易了。具体怎么做呢？

首先，让"开始"发生。就像我妈妈说的，别思考，一回家就开始写作业。如果觉得开始就困难重重，可以设定一个计时器，把计时器的时间设定为 10 分钟，并告诉自己"我只做 10 分钟，这并不难，是吧"。

在这 10 分钟内，全神贯注地开始写作业。10 分钟结束后，评估自己的感觉和作业的完成情况。多数情况下，你会发现自己愿意继续写作业，因为一般在开始做某件事但没有做完的时候，反而不愿意被打断，有想要继续完成的冲动。

或者，可能你虽然还是有种不愿写作业的感觉，但会觉得继续写作业并不难，因为你已经克服了最难的开始障碍。

接下来，你可以选择继续或暂停。如果你感觉良好，或者没有什么感觉，那么可以继续进行。但如果你依然感觉到一种强烈的不想写作业的感觉，那么可以休息5～10分钟，然后再尝试开始下一个新的10分钟。

表面看起来，这只是在防止作业拖延，实际上还在教会你如何克服开始的惰性或畏难情绪。

随着时间的推移，你会发现通过这种方法不仅能顺利地完成作业，还能够成功开始并完成各类学习计划，这会增强你的自信心，让你逐渐养成好的习惯。

再复盘一下，为什么10分钟法则有效呢？

因为这种方法通常是将看起来比较大的行动拆分为小的、更易管理和更易接受的行为，可以减轻实施行动之前的心理压力。一旦开始并进入状态，你往往会发现继续进行比预期的要容易。

这种方法也适用于其他类型的行动，不要只局限地把它应用在写作业上。通过这个方法，我们可以逐渐养成更积极的学习习惯，提高学习效率，提升成就感。

### 2.3.3　应对难题：作业不会做用这 5 招

上一小节我讲了作业拖延的一个原因——迟迟不行动的应对策略。这一小节来说说作业拖延的另一个原因——遇到难题不会做的应对策略。

在写作业的过程中，遇到难以解决的问题是常见的情况。有的同学作业拖延的原因正是因为知道作业中有难题。如果你也是这样，我建议你转变思维方式，正确看待作业中的难题。

作业中有难题是好事，这说明有一些知识自己不会，而且现在非常清楚这些自己不会的知识是什么，这不正是精准靶向、提升自己的好机会吗？如果作业写得毫无波澜、一帆风顺，反而难以判定作业有没有帮助自己查漏补缺。

有的同学不惧困难，作业遇到难题就死磕到底，自己不把难题解出来就不往后继续，甚至不睡觉。这种迎难而上的精神值得肯定，但这又是另一种对待作业的极端状态。

把难题当成一堵墙，总想着要自己爬过这堵墙才可以，这样很容易把自己的解题过程变得不畅通。

遇到作业中的难题时，可以采取什么策略呢？

### 1. 先做会的

前文提过，既然要把写作业的过程当成模拟考试的过程。遇到不会做的作业题目，可以像考试时对待不会的题目一样，先尝试解答，如果已经耗费了一段时间无法解答，可以跳过去，先把会的题全部做完，并尽力确保把会的题全部做对。

这样攻克难题时可以更加从容，因为可以集中精力处理难题，不需要一边处理难题，一边还要担心剩下的作业写不完，从而感到紧张和焦虑。

### 2. 分解题目

攻克作业难题的时候，要彻底理解题目，在题目中寻找关键词或短语，它们往往指向题目的核心要求。如果对题目有任何不确定之处，可以再次审题，细致地阅读每一个字，确保完全理解。

如果不能一下子解决整个问题，可以尝试把整个问题拆成小问题，每次专注于解决一个小问题。在完成每个小问题后，逐渐构建起解决整个问题的思路框架。

### 3. 寻求资源

攻克作业难题时，也可以充分利用资源。

课本是解决作业问题的首要资源：课本中的例题通常可以提供标准的解题步骤和方法，可以重新阅读相关章节，特别是那些包含概念解释和例题的部分；大多数课本在每章节后都会提供练习题，可以重点找找相关练习题，说不定就能找到解题思路。

如果课本中没有，或者解答不详细，可以重温听课笔记。听课笔记往往包含老师对某个概念的额外解释。

另外，互联网上有许多免费的教育资源，如果笔记中也找不到解题思路，可以上网寻找。提醒一下，用互联网是为了查资料，不要点开电子设备后便忘了初衷。

### 4. 同学协作

同学之间就作业难题进行讨论对大家都有益处。这种多角度的讨论有助于发现问题的不同方面，从而对问题有更全面的认识，也可能会提供更全面的解决策略。

如果当晚不能通过同学之间的讨论解决作业难题也不要紧，可以在周末，大家就这一周作业中遇到的难题进行讨论。每个成员可以轮流分享自己擅长的部分。这种互教互学的方式既能巩固自己的知识，又能给同学提供思路。

### 5. 老师帮助

如果前面4种策略全部用完了，作业难题依然没有解决，那就把这个难题放一放，留到学校向老师求助吧。

老师讲课的时候一般会讲到作业，尤其会讲作业中的难题，讲课的时候要重点听这部分。如果老师没讲到你不懂的难题，你可以在课间休息时向老师提问。不要因为害怕向老师提问而犹豫不决，老师的职责之一就是帮助学生理解和克服学习中的困难。你主动问老师问题，老师会开心的。

我建议不要因为作业难题耽误了自己的睡眠时间，也没有必要因为少数难题耽误自己复习或预习别的知识的时间。

另外，鉴于睡眠对学习的神奇帮助，你可以试试在睡前想一想难题，然后睡觉。醒后再马上想想这个难题，看看自己有没有解题思路。我以前的很多数学和物理难题都是通过这种方式解决的，而且通过这种方式解决的难题，记忆特别深刻。

学习是一个长期的过程，不可能一蹴而就。写作业遇到困难时要保持耐心，我们要知道自己正处在一个持续的学习旅程中，不是所有问题都能立刻解决。

## 2.4 复习：定期回顾学得好

复习可以帮助我们发现最初学习时可能忽略的重点或

理解上的误区。复习也可以帮助我们将新知识与旧知识联系起来，有助于我们对知识形成更加全面和深刻的理解。复习还是将短期记忆变成长期记忆的重要步骤，通过复习，可以加强大脑中的记忆痕迹，提高记忆的持久性。

## 2.4.1　定期复习：艾宾浩斯记忆法

前文提到过艾宾浩斯的遗忘曲线。人类每时每刻都在遗忘，那些所谓过目不忘，从来都不会遗忘的人，其实是得了一种叫超忆症的病。

可不要羡慕那些得超忆症的人，从保持身心健康的角度来说，遗忘是有必要的。遗忘是正常人天然存在的生理现象，它帮助我们过滤掉不必要的信息，以保持头脑的整洁。因为一些不好的记忆或没有用的信息，我们没有必要一直记着，遗忘的话反而更好。

但对于处于学习过程中的人来说，我们不希望遗忘知识。为了避免遗忘知识，就需要定期、系统、有计划地进行复习。

很多同学觉得自己已经掌握了所学的内容，或许会感到复习是浪费时间。然而，这种感觉往往是一种短期的记忆提取，而不是持久的记忆保持，是短期记忆给我们带来的错觉。

只看过一遍的知识是很难被灵活地应用到各种情境中的。当我们再次接触并回顾所学的内容时，我们是在激活神经元，重新连接这些信息，并将其重新存储到长期记忆中。

不要低估复习的力量。它不仅能够帮助我们记住所学内容，还能够加深理解、提升应用能力。要对抗遗忘，我们就必然要即时复习，定期复习，间隔复习。

具体应该怎么做呢？这里可以参照艾宾浩斯的遗忘曲线原理来复习记忆。

前文已经讲过分段式学习和交替学习法，这一小节我们重点说根据艾宾浩斯的遗忘曲线，应该如何设置复习的时间间隔。

### 第 1 次复习：1 小时内

刚学的内容仍然存储在短期记忆中，还没有被时间和其他信息淹没或替代。在学习新知识后的 30 分钟内，抽出一段时间来进行第一次复习。这段复习时间不需要太长，但要足够让你迅速地复习所学内容。这种即时复习有助于加强和保持记忆。

### 第 2 次复习：6 小时内

在刚接触新知识后的 6 小时内，再花一些时间来第 2

次复习所学内容。

复习的方式是多样的，不一定要回去再看一遍课本，可以选择其他方式，例如回看或整理笔记也是一种有效的复习方式。

### 第 3 次复习：24 小时内

不要嫌麻烦。要对抗遗忘，短时间内的多次复习是必要的。不过同样的，第 3 次复习也不一定要简单地回看课本，例如每天晚上的作业就是一种比较好的复习方式。通过晚上写作业，恰好能回顾白天学过的知识。那些没有在作业中出现的知识，可以在写完作业后查漏补缺。

### 第 4 次复习：48 小时内

在 48 小时内，建议做第 4 次复习。这次复习的方式可以采取更主动的参与方式。例如可以通过主动提出问题、与自己进行对话或尝试解释给别人听的方式来巩固所学内容。

这种方法叫费曼学习法，后文中我会详细介绍。

### 第 5 次复习：1 周内

过了 48 小时后到 1 周内，根据知识的重要性和难易程度，建议再进行 1 ~ 3 次复习。

这时候的复习可以多种方式相结合，例如，把之前用过的知识整理成笔记，写作业，用自己的话讲给别人听，等等，这些方式交替使用，也可以主动找题或给自己出题，做一些模拟测试，反复验证自己对知识的掌握情况。

**第 6 次复习：1 周后**

1 周后，随着时间推移，可以逐渐增加复习间隔的时间长度，例如第 1 周到第 2 周之间（7 天内）复习一次，第 2 周到第 4 周之间（14 天内）再复习一次。

这时候的复习方式除了用到之前的复习方法外，还可以用知识卡片，利用碎片化的时间复习。关于如何用好知识卡片，我将在下个小节中详细介绍。

保证阶段性复习，做好复习方案也非常重要。明智的复习计划可以帮助你合理安排时间，确保复习节奏有序进行，让你更好地掌握学习内容。

随着时间推移，复习的落脚点可以放在最关键、最困难或最需要记忆的部分，确保重要的信息被牢固地储存在记忆中。

## 2.4.2 碎片学习：知识卡片法

前文提到对于重点知识，可以利用知识卡片复习。知识卡片携带方便，是利用碎片时间来学习的理想工具，也是复习核心知识点的极佳工具。

无论是等交通工具时、在交通工具上、等人时、打饭排队等候时，还是在课间休息时，我们都可以随时随地拿出卡片进行快速复习。

知识卡片法的优势在于它的简洁性和高效性，我们可以轻松地将一叠卡片放入口袋、书包或文具盒中。这种方法将知识分解成关键词或小块，学起来更灵活，学习过程也更加高效。

用好知识卡片，要注意 3 个关键点。

### 1. 制作

选择耐用的材料制作知识卡片，最好选择厚纸或卡纸，因为这种卡片不易弯曲或撕裂，可以反复使用，长期携带。卡片大小要考虑两个因素，一是要足够容纳必要的信息量，二是要能放到常穿的衣服口袋里，便于携带。

知识卡片上的信息要简单明了，正面写关键词或提示语，背面写对详细信息，常见可以用知识卡片承载的信息如下。

- 理科公式，例如正面写"勾股定理"，背面写勾股定理的定义和公式。

- 名词解释，例如正面写"肽键"，背面写肽键的定义。

- 英语词汇，例如正面写"进退两难的困境"，背面写单词"dilemma"（困境）和例句"It was an

insoluble dilemma and one which I could do nothing about."（这是一个无法解决的困境，我无计可施。）

- 历史事件，例如正面写"虎门销烟"，背面写虎门销烟的相关日期、人物、意义和历史事件的简要介绍。

制作知识卡片要注意避免在单张卡片上放置过多信息。卡片的目的是快速复习和记忆，过多的信息可能会引起混淆。

可以使用不同颜色的笔或不同颜色的卡片来区分不同学科或信息类别。例如，蓝色的代表数学公式，绿色的代表名词解释，黄色的代表英语词汇。

不同的颜色便于我们快速整理、区分和定位不同学科、类型、主题的卡片，提高学习效率。

有些同学用手机或平板计算机的软件当知识卡片，我认为效果不如实体卡片。

一是因为电子设备很容易让我们分心，一不留神就陷入与学习无关的事情中；二是因为实体卡片不受电量影响，在拿取上也比电子设备方便，任何环境下都易于使用；三是因为制作实体卡片的过程本身也是学习和记忆的过程，能给我们带来获得感和体验感，比用电子设备的记忆效果更好。

## 2. 使用

在使用知识卡片的时候，要充分利用碎片化的时间。将知识卡片随身携带，以便在睡前、醒后、等待时能够快速拿出来翻阅。

这些碎片时间虽短，但频繁的复习可以大幅增强记忆力。不需要按照特定顺序来翻阅，随机选择知识卡片可以给自己增加难度。

在使用知识卡片的时候，先查看卡片写关键词的一面，然后尝试回忆另一面的内容。对于那些不能立即回忆起具体知识点的卡片，应该重复拿出来练习，直到能够轻松地回忆出相关信息。

知识卡片要定期更新。根据学习的进度和需要，对于已经熟练掌握的内容，可以将其从当前的知识卡片中移除，并添加新的知识点；可以增加卡片内容的复杂性，添加更多的细节或相关例子。

另外，知识卡片不仅能用于复习，还可以用于构建思维导图和整理思路。你可以试试把做过某个学科所有的知识卡片铺在地上，然后按照你理解的顺序排列组合，看看能不能构建出一个知识体系。

如果不能，那可能因为你做的知识卡片比较少，或者对知识体系掌握得还不够牢固。

### 3. 优化

为便于管理和携带，你可以使用环形卡片扣将一组卡片串起来。这样不仅可以保持知识卡片的整齐，还方便随时翻阅。

你也可以使用小盒子或专门的卡片盒来存放知识卡片。这种方法可以保护知识卡片不受损坏，同时也方便分类存放。

可以在知识卡片的边缘或盒子上使用标签来标明不同的主题或学科，这样可以快速找到所需的卡片组。

知识卡片不仅可以自己用，也可以和朋友一起使用。例如，以提问的方式讨论和解释卡片上的内容，进行互相测试，实现双向学习。也可以设定为知识竞赛游戏，看谁能更快、更准确地回答问题，以此激励彼此更加积极地参与学习。这种方式不仅可以加深记忆，还能增加学习的趣味性和动力。

在使用知识卡片一段时间后，要定期评估卡片的使用效果，识别哪些内容已经掌握得很好，哪些内容还需要额外练习。根据评估结果及时调整和更新卡片内容，确保知识卡片始终与学习需求保持一致。

按照以上 3 个关键点有效运用知识卡片，形成适合自己的知识卡片法。这种方法不仅适用于记忆型学习，还能促进理解和应用型学习，帮助我们高效利用碎片时间来学习。

### 2.4.3 提升记忆：思维导图法

在思维导图中，不同的知识点通过线条相连，显示它们之间的联系。这种结构化的表示方式可以帮助我们以逻辑和有序的方式分类和组织信息。

预习的时候可以使用思维导图法，但那个时候因为我们对知识的理解不深，思维导图的作用更多是为了理清思路。复习的时候更适合用思维导图法，因为这种方法特别适合整理复杂的概念和关系，帮助我们梳理和记忆信息。

例如，复习生物的时候，可以用一个导图连接不同的生物分类、生态系统和生物进化过程；复习历史的时候，可以创建一个以特定历史时期为中心的图，然后通过分支展示重要事件、重要人物和关键事件的发展。

思维导图的视觉化特性可以帮助我们更直观地看到思维的发展过程和知识脉络。通过画思维导图，我们还可能会不断扩展新的分支和连接，探索新的可能性，思维发散到课本以外的知识。

思维导图结合了文字、图像和颜色等多种元素，可以激活大脑的不同区域，包括负责逻辑思维的左脑和负责创造和直观思维的右脑，促进大脑全面运作。

如何画好思维导图呢？

思维导图从一个中心主题开始，这个主题是整个导图的焦点。从中心主题向外延伸出多个分支，每个分支代表与中心主题相关的主题或关键点。

例如，围绕生物中的"细胞"这一中心主题，可能会有诸如"细胞结构"、"细胞功能"和"细胞类型"等分支。

本书内容结构的思维导图如图 2-2 所示。

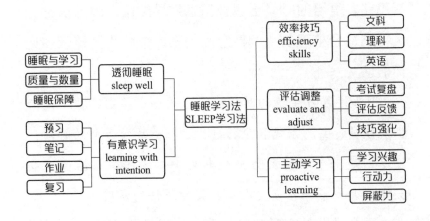

图 2-2　本书内容结构的思维导图

你可以在图 2-2 基础上完善本书的思维导图，也可以根据自己的理解绘制，或者添加一些颜色。按照思维导图法看书，你会发现自己看书更快、更系统，而且针对看过的书可以快速回忆起其整体结构。

画思维导图时，每个分支可以进一步分化出更细小的分支，形成层次结构。这样，复杂的信息可以被细分成更易理解和记忆的小部分。在每个分支的末端，可以添加更具体的信息，如定义、例子或解释。这些都可以帮助我们深化对主题的理解。

也许你对思维导图这个工具已不陌生，但不少人没有正确理解和使用思维导图。使用思维导图时，有 3 个常见的误区。

### 1. 直接用别人的思维导图

有的同学嫌自己画思维导图麻烦，就要来别人的思维导图照着画或者复印后直接用。这么做，就失去思维导图法的意义了。每个人的思维方式不同，别人的思维导图可能无法完全符合我们自己的学习需求和认知路线。

思维导图法在学习中（尤其是在复习中）发挥作用的关键，就是自己画思维导图的过程，而非结果。如果只是简单地使用别人的思维导图，而没有将其与自己的知识体系相结合，那么这份思维导图可能无法起到真正作用。

### 2. 只重视数量而非质量

有的同学可能过于关注思维导图的数量而忽略了质量。一份高质量的思维导图需要经过充分的思考和整理，而不仅是简单地将知识点罗列出来。

有的同学可能只是简单地认为思维导图是一种整理或扩充笔记的方法，只是在梳理笔记内容的时候使用，而没有意识到其在复习环节可以发挥的作用。

### 3.过度简化

有的同学可能会将思维导图过度简化，只是写了一个主题和第一层的分支。实际上，思维导图可以更加详细，可以包含更多关键的细节及你的体会过程。

用软件做思维导图会不会学习效果更好呢？我建议你自己动手，用彩色笔和白纸手绘思维导图复习效果更佳。

因为手绘可以更灵活地根据知识内容加入更多软件中没有的元素，可以更有个性。另外还有 3 点原因，与我不推荐用软件做知识卡片的原因一样。

思维导图不仅是一种记忆工具，更是一种深入理解知识和提升创造性思维的有效方法，它适用于各种学科和主题。通过精心设计和完善思维导图的过程，我们可以更有效地复习知识，扩展思路，从而提升学习记忆力。

# 第三章

# 效率技巧（efficiency skills）：
## 学习需要高水平勤奋

勤奋固然很重要，但如何高效地学习同样关键。不同学科有不同的学习侧重，找到适合不同学科的高效学习技巧才有可能有效提高学习成绩。

　　本章针对不同学科的特点和在学科学习中的薄弱环节，介绍提升不同学科学习效率的方法和学好各个学科的技巧。

## 3.1 文科：语文、历史、地理可以这样学

文科的学习给人的第一印象就是与文字打交道，需要背诵记忆的内容比较多，考试的时候需要书写的文字比较多。要学好文科，首先要具备比较强的阅读理解能力、知识记忆和背诵能力，以及一定的写作能力。

### 3.1.1 阅读理解：SQ3R 阅读法

学文科的时候，阅读理解能力差是很多同学的痛点，不少同学在这方面容易丢分。所有学科的课本和试卷都是以文字内容呈现的，如果阅读理解有问题，所有学科的学习效率都会成问题。因此，提升阅读理解能力不仅对文科考试有帮助，也对提升所有学科的学习效率有帮助。

比较高效的阅读理解方法，我推荐 SQ3R 阅读法。它是美国教育哲学家弗朗西斯·罗宾逊（Francis P. Robinson）提出来的。

SQ3R 阅读法包括 5 个步骤：浏览（survey）、提问（question）、阅读（read）、复述（recite）和回顾（review）。

## 1. 浏览

浏览是 SQ3R 阅读法中的第一步，目的是在深度阅读前对材料有一个整体的了解。进行浏览时，重点关注文章或章节的标题、小标题、图表、关键词、摘要、加粗或斜体的文字等任何突出显示的信息。

例如，寻找可能的论点、论据或故事情节。可以边浏览边思考一些基本问题，如"这篇文章的主要论点是什么"或"这一章中包含哪些关键概念"。

## 2. 提问

在完成初步的浏览后，接下来的步骤是提问。我们需要根据浏览时发现的关键点和标题来形成明确的问题。

例如，如果在浏览过程中遇到了小标题"光合作用的过程"，我们可以提出诸如"光合作用包括哪些主要步骤"或"为什么光合作用对植物至关重要"等具体问题。

提问不应局限于字面意义上的问题，还可以拓展问题的深度和广度，探究更深层的含义或概念。例如，"光合作用如何影响生态系统"这样的问题能够引导我们思考更加广泛和深入的话题。

有了明确的问题后，再阅读时就不只是被动地接收信息，会更加专注于寻找答案。通过提问，我们将自己置于一个主动的学习状态。

### 3. 阅读

在这一步，我们需要以寻找答案为目的进行阅读。在提问步骤中所提出的问题此时可以成为指导阅读的关键。

在细致阅读时要注意避免走神，要时刻保持专注，理解每个段落的含义，特别是那些看起来与提出的问题密切相关的部分。这个过程不要追求速度快，而是要追求深入理解作者要表达的论点、论据和论证过程。

在阅读时，我们可以思考和分析文本的内容，不断地问自己这段描述与我的问题有什么关系或这段文字讲了哪些我之前不知道的。

找到问题的答案后，最好在读书笔记中做标记或简要记录答案。这有助于后续的复述和回顾步骤。

### 4. 复述

在完成一段阅读后，我们可以尝试不看原文，用自己的语言来复述所阅读的文章。复述的内容包括对文章主要观点、关键信息以及针对之前提出问题的答案。这个过程可以逐段进行。比如，读完一个小节或段落后，暂停并进行复述。

复述不是简单地重复信息，而在于重新加工和整理这些信息，这有助于加深对信息的理解。通过用自己的话复述，我们可以确认自己是否已经理解了阅读的内容。如果发现自己很难复述出来，这可能表示没有理解原文，还需要回去再次阅读。

如果不是考试做阅读理解题，而是阅读课本，更要重视这个步骤。复述有助于提升口头表达能力和写作能力，因为我们需要清晰、准确地表达自己的理解。

### 5. 回顾

SQ3R 阅读法的最后一步是回顾。它可以帮助我们完成艾宾浩斯记忆法的第 1 轮复习。读完某部分内容的几天或几周后，也可以根据艾宾浩斯记忆法的原理进行第 2 轮或第 3 轮回顾。

回顾时，重点应放在阅读中的主要观点、关键事实和概念上，也要记得回顾在提问步骤提出的问题的解答。如果阅读包含的章节内容比较多，为了确保全面复习，可以通过使用阅读笔记或思维导图等工具来帮助自己回顾。

回顾可以帮助我们在头脑中构建一个更加丰富和多维的知识网络，我们能够从一个更广阔的视角看待所学内容。通过理解不同知识点之间的联系，我们可以更深入地理解新信息，并将其更有效地运用到实际情境中。

SQ3R 阅读法是一种阅读理解的方法，也是一种系统的学习方法，适用于各种阅读场景。通过这种方法，我们可以提高阅读效率，加深对阅读内容的理解，更加全面和深入地掌握阅读内容，促进阅读内容从短期记忆转为长期记忆。

## 3.1.2 知识背诵：关联记忆法

文科中要背诵的知识比较多，但很多同学不喜欢背诵，因此学不好文科。这种情况可以试试关联记忆法。

关联记忆法是将新知识与已知信息连接起来，从而提升记忆力的一种方法。这种方法特别适用于需要记忆大量无规律的知识。当然，对于有规律的知识用这种方法记忆记得更深。

有些节目里的记忆大师表演自己能在很短时间内记住大量没有规律的信息，他们多数会用关联记忆法，或者这种记忆法的变形。

为什么关联记忆法有效呢？

人类大脑天生擅长识别模式和建立联系。关联记忆法正是利用了这一特点，它通过将新知识与大脑已熟悉的信息相联系，从而提高记忆效率。

学习时如何实施关联记忆法呢？

### 1. 利用已有信息

当我们尝试记忆新知识时，通过将这些新知识与个人的经验、已知事实，甚至是情感联系起来，大脑能够更容易地处理和记住这些信息。

例如，当我们学习和记忆地理中"大气运动"的概念时，可以想象自己家厨房里妈妈做饭时开了抽油烟机和没开抽油烟机的不同场景。这样就创建了一个生动的、容易记忆的关联。

这种方法也可以用来理解和记忆理科知识：用比喻或类比的方式，把复杂或抽象的概念与我们耳熟能详的东西联系在一起。

例如，将电子的运动比作行星绕太阳旋转，可以帮助我们更好地理解原子结构。

### 2. 联系个人经历

我们可以思考要记忆的知识与个人经历、兴趣或已知故事之间的联系。例如，如果你要背诵朱自清的《荷塘月色》，可以把《荷塘月色》的原文与自己到过的公园、见过的池塘月夜下的某种场景联系起来。

情感也是加强记忆的强大驱动力。将学习内容与个人的情感体验相结合，也是一种提升记忆力的方式。例如背诵李白的《蜀道难》，可以回忆自己某一次爬楼梯或爬山时很累的感觉。把当时自己很累的感觉融入对文章的理解和记忆中，效果更好。

### 3. 视觉辅助

我们可以把要记忆的知识通过可视化的方式联系起来，思维导图就是一种比较好的可视化工具。

就算不用思维导图，也可以把要记忆的知识的关键词写下来，用线连接起来。例如我们要记忆历史事件的时候，可以把不同事件按照时间顺序写下来，然后用线把这些事件连接起来，再写下这些事件彼此的联系。

创建符号或用缩写来代表更复杂的信息是另一种有效的记忆技巧。这些符号或缩写就像是记忆的钥匙，可以迅速触发对复杂信息的回忆。也可以尝试把要记忆的知识画出来，画得好不好不重要，重要的是给自己带来画面感。

### 4. 故事讲述

人类的大脑天生喜欢故事，也比较容易记住故事。通过将枯燥的知识转换成有趣的故事，可以大幅增强记忆力。

例如，在记忆一系列历史事件时，可以把历史人物和事件编成自己喜欢的故事。在编故事时，人物对话和故事情节可以稍微有趣一点、夸张一点、波折多一点，这样故事会更吸引人，相关的历史知识也会记得更牢。

### 5. 感官多重编码

使用多种感官体验来编码信息，更容易让大脑记住，比如结合视觉、听觉、触觉、嗅觉、味觉等共同记忆。例如，在学习地理时，查看地图，听不同地区的故事，亲自制作地形模型，品尝不同地区的特产等都可以增强记忆。

关联记忆法是一种强有力的记忆增强技巧，它适用于各种类型的知识。通过将待记忆的知识与已知的、熟悉的概念或个人体验联系起来，可以帮助我们更好地记忆和理解信息，从而提高学习效率。

### 3.1.3　作文写作：结构写作法

如果你在写作、做简答题方面存在问题，可以试试结构写作法。结构写作法是一种高效的写作技巧，可以帮助我们通过明确的结构来组织写作，提升我们的表达能力，从而使作文更加条理清晰、逻辑严密。

在实施结构化写作时，首先要基于写作的主题，拟一个清晰、有逻辑的文章大纲，包括确定文章的引言、主体和结论部分的基本内容。文章大纲可以帮助我们组织思路，还可以确保文章内容的连贯性和条理性。

#### 1. 引言

一个成功的引言是高质量作文的关键，它不仅能够清晰地提出文章的主题，还能激发读者的兴趣，为读者继续阅读全文提供动力。

作文的主题最好在下笔前明确提出来。有 3 种常见引出主题的方法。

- 提出一个与主题相关的疑问，例如"你有没有发现每天吃的大米越来越精制了"。这种方式比较直接，能将读者快速引入主题中。

- 描述一个与主题相关的情景，例如，感冒后到医院发现医院人满为患，这样可以为主题设定背景。这里的情景可以是与自己相关的经历，也可以是一个听来的小故事。

- 引用名人名言或统计数据提升内容的说服力，并激起读者深入了解的愿望。

在引言的末尾，简要介绍文章将要讨论的主要论点，帮助读者了解文章的结构。通过简要概述主要内容，可以让读者对文章的内容有所期待。注意引言的结尾要能够自然地过渡到文章的主体部分。

### 2. 主体

在作文写作中，主体部分是论述和展开论点的核心区域。结构清晰、逻辑严密的主体部分更有助于作文拿高分。

作文的主体部分应按照一种有条理的逻辑顺序来写，这里的逻辑顺序可能包括时间顺序、事件发展顺序、重要性顺序或其他任何有助于清晰表达观点的顺序。

每个论点之间的过渡要自然流畅。每个新段落应该清楚地与前一个段落相关联，形成一个连贯的整体。

每个论点都需要充分展开，要阐释论点的细节、背景和重要性。支持每个论点的关键是使用准确的事实、统计数据和例子。例子可以使论点更加生动具体。

作文中的段落结构要条理清晰、逻辑连贯。一个良好的段落不仅有助于清晰表达，也能使读者更容易理解和跟随作者的思路。

（1）主题句

主题句可以作为段落的开头句，用于明确该段落的主要内容和中心思想。主题句起到了引导读者进入段落内容的作用，为接下来的讨论奠定基础。

（2）支持句

支持句紧随主题句，用于展开和阐释主题句中提出的观点或论点。

（3）结论句或过渡句

段落的结尾通常是一个结论句，总结或强调段落中的主要论点。在一些情况下，结论句也可用作过渡句，平滑地引导读者进入下一个段落的主题。

### 3. 结论

在作文写作中，结论部分是文章给读者留下最后印象的关键一环，对于加强文章的整体效果至关重要。

通过运用结构写作法，我们可以写出结构严谨、逻辑清晰的优秀作文，使作文更有说服力。

但结构写作法有其局限性，运用这种方法可以让我们的作文达标，但不能保证让作文精彩。这种方法比较适合写议论文或记叙文，不适合写散文或诗歌。

## 3.2　理科：数学、物理、化学可以这样学

很多人觉得自己学不好理科是因为没有这方面天赋。实际上，要学好理科，需要的不是天赋，而是理科思维。我身边不少同学一开始学不好理科，后来开窍了之后理科成绩突飞猛进。

这里的开窍是什么？实际上就是有了理科思维。所谓理科思维就是学会用数据、规律和逻辑来看待事物、理解世界和解决问题。

### 3.2.1　抽象概念：理解应用效果好

理科中有很多抽象概念，例如数学中的函数、向量、矩阵等概念，物理中的加速度、场、电磁波等概念，化学中的原子、分子、离子等概念。要学好理科，就要有

能力理解、掌握和应用抽象概念。

抽象概念通常难以捉摸，如果不是经过一定的锻炼，普通人很难快速理解那些自己闻所未闻、见所未见的事物。有哪些方法可以帮助我们理解理科学习中的抽象概念呢？比较常见的方法是联系生活中已有的事物，采用生活化、故事化和角色化的方式，使理解变得比较容易。接下来我举一些生活化、故事化和角色化的例子。

要理解数学中的"函数"，可以想象一个叫小明的农夫，他种了很多不同种类的果树。每种果树都有一个特定的规律，每月给这些果树浇水，它们就会长出特定数量的水果。小明发现每棵树浇水的频率和浇水量与水果产出的数量有一定的关系。这就像函数，是一种输入和输出的关系。小明的苹果树、梨树、桃树都有一个函数，输入（浇水量）产生了特定的输出（水果产出的数量）。

要理解数学中的"向量"，可以想象小明从家里到果园有好几条路。小明想知道哪条路线最短，他晚上回到家拿出地图，画了几条带箭头的线段，然后计算这些线段的长度。小明画的线段长度就是向量的大小，线段的方向就是向量的方向。向量就是既有方向，又有大小的量。

要理解数学中的"矩阵"，可以想象小明将农田划分成不同的田字形小块，每个小块种植着不同的庄稼。小明记录下每块土地上的作物数量，并且用一张图将其画下来。在田字形小块当中记录下每种庄稼的数量。这就像矩阵，一个由行和列组成的表格，每个单元格里的数字代表了特定土地上特定作物的数量。

要理解物理的中的"加速度"，可以想象坐车的时候，司机忽然加速时，面向前坐的乘客仿佛被"压"在座位上。这正是加速度的体现。

要理解物理中的"场"，可以想象你来到一座魔法花园，里面种着"彩虹花"、"和谐树"和"活力草"等魔法植物。每当靠近"彩虹花"的时候，就会被五颜六色所包围；每当靠近"和谐树"的时候，就会感到宁静祥和；每当靠近"活力草"的时候，就会感觉能量满满。这些魔法植物散发出来的能量，就类似于场。

要理解物理中的"电磁波"，可以想象空气中有一种像水波一样的东西。这种东西看不见摸不着，但影响着我们的日常生活。不同的电磁波之间会有干扰，就像水波和水波之间会出现干扰，收音机有时候发出的嗞嗞声就是因为电磁干扰。

要理解化学中的"原子"，可以想象一家人就像是一个原子，每个家庭成员分别是原子中的质子、中子和电子。原子的稳定性取决于其内部的组成和成员之间的互动，类似于家庭成员之间的关系和互动。

要理解化学中的"分子"，可以将分子比作拼图游戏，其中每块拼图代表一个原子。当这些拼图块组合在一起时，形成了不同的分子。原子的种类和排列方式决定了分子的性质，就像拼图块的形状和颜色决定了拼图的图案。

这种为了理解抽象概念而进行的类比不一定要完全符合逻辑，不需要过分追求严谨，只要方向和逻辑大致正确，能帮助自己理解和应用抽象概念就可以。

在初步理解概念之后，不要忘了多做题，多应用。是否能做对题，可以检验我们有没有真正理解。有时候题做得多了，慢慢也就理解了。

### 3.2.2 逻辑推理：理科提分必备基础

逻辑推理是学好理科的基础，如果你发现自己学不会理科，同时发现自己的逻辑推理能力不足，我建议你可以先专门学习一下逻辑推理。常见的逻辑推理有3种。

#### 1. 演绎推理

演绎推理开始于一个或多个前提，这些前提是某种假设性陈述。基于这些前提，运用逻辑规则推导出一个结论。如果演绎推理的前提是真的，那么按照逻辑规则得出的结论也必然是真的。

演绎推理通常是从一般规则（普遍性）推导出关于特定情况的结论（特殊性）。

例如，所有的人都会死（前提），苏格拉底是人（前提），因此，苏格拉底会死（结论）；所有的鸟都有翅膀（前提），企鹅是鸟（前提），因此，企鹅有翅膀（结论）。

演绎推理的有效性完全依赖于前提的真实性。如果前提就是错误的，即使推理过程正确，结论也可能是错误的。

例如，所有的鸟都有翅膀（前提1），所有有翅膀的生物都会飞（前提2），得出结论：所有的鸟都会飞。其中，所有有翅膀的生物都会飞（前提2）是错误的。

### 2. 归纳推理

归纳推理是一种从特殊到一般的逻辑推理过程，它涉及从具体的事实或实例中推导出更广泛的普遍性原则或规律。

归纳推理得出的结论不是绝对确定的。即使所有的前提都是真的，归纳推理的结论也可能是错误的。这种推理方法是实证研究方法的核心，尤其是在形成假设和理论时。

例如，你观察到 100 只乌鸦，发现它们都是黑色的。基于这些观察，你归纳出结论：所有的乌鸦可能都是黑色的。每次你吃辣之后都感觉肚子不舒服，于是你归纳认为吃辣会导致你肚子不舒服。

归纳推理能够帮助我们从有限的经验中学习和预测未来，但也带来了结论的不确定性。因此，归纳得出的结论常常需要通过进一步的观察、实验或数据分析来验证。

### 3. 类比推理

类比推理是一种基于两个或多个不同对象、情况或概念之间相似性的推理过程。在类比推理中，会从一个已知熟悉的情况（源域）推导出另一个未知较不熟悉的情况（目标域）的结论。

这些相似性可能是基于结构、功能、关系或行为等方面。类比推理不是绝对确定的，它依赖于相似性的程度，因此可能存在误差和偏差。

例如，将电流的流动比作水流的流动。这里，电路（目标域）中的电流与水管（源域）中的水流相类比，帮助理解电流的概念。在医学领域，会将人体的免疫系统比作军队。这里，免疫细胞（如白细胞）被视为士兵，帮助人们理解免疫系统如何对抗疾病。

类比推理可以帮助人们将熟悉的概念应用于新的、

未知的领域。然而，由于其推理的不确定性，类比推理的结论需要谨慎处理，并在可能的情况下通过更严格的逻辑方法进行验证。

要提升逻辑推理能力，除了学习基本的逻辑概念或做一些逻辑题练习，还可以玩一些逻辑谜题或游戏，例如，数独、围棋、象棋等游戏是较好的选择。

提升逻辑推理能力不仅是为了学好理科，提高理科的考试成绩，还对理解文学和社会科学中的复杂概念有帮助，能够提升我们解决问题的能力，是一种生活中不可或缺的思维方式。

### 3.2.3　公式定理：比较记忆法

理科中有很多烦琐的公式和定理，常常难以记住，这种情况怎么办呢？前面讲过的很多概念对记忆理科的公式定理都有帮助，例如可以用类比推理法理解、记忆，用知识卡片法定期复习，用思维导图法理清思路等。

除了前面讲过的方法外，本小节介绍一种在记忆理科的公式、定理等方面比较有效的方法——比较记忆法。

比较记忆法是一种通过对比和联系不同概念、事物或信息来加强记忆的技巧。这种方法特别适用于理解和记忆涉及多个相似或相关元素的知识。

人脑更容易记住有联系或有区别的信息。通过比较，可以帮助我们创建心理连接，使新知识更容易与已有知识结合；也可以帮助我们构建知识网络，使得知识体系更加丰富。

理科中有一些相似的公式对应着相似的规律，把这些公式定理放在一起理解记忆，往往效果更好。

例如，在物理中，机械能守恒定律和动量守恒定律的比较。

- 定义比较：机械能守恒定律描述的是物体在只有重力或弹力做功的系统内，动能和势能可以相互转化，但系统的总机械能保持不变；而动量守恒定律描述的是在不受外力或所受外力的合力为零的情况下，系统的总动量保持不变。

- 公式比较：机械能守恒定律的公式是 $E_{p1} + E_{k1} = E_{p2} + E_{k2}$，其中，$E_p$ 表示物体的重力势能，$E_k$ 表示物体的动能；而动量守恒定律的公式是 $p=p'$，其中，$p$ 表示物体相互作用前的总动量，$p'$ 表示物体相互作用后的总动量。

- 应用比较：机械能守恒定律主要用于不考虑阻力的抛体运动的题目中；而动量守恒定律主要用于碰撞的题目中，涉及的是物体之间的相互作用问题。

例如，在化学中，醇和醚是有机化学中的两个重要概念，它们在结构、性质和反应上有一定的相似性和区别。

- 结构比较：醇的结构通式为 R—OH，其中，R 代表烃基，OH 代表羟基；醚的结构通式为 R—O—R′，其中，R 和 R′ 代表烃基，O 代表氧原子。

- 性质比较：醇具有亲水性，与水分子可以形成氢键；醚具有憎水性，醚分子不能形成氢键。

- 反应比较：醇可以在酸性条件下可以发生消除反应，生成不饱和键；醚在中性、碱性和弱酸性条件下稳定，不易发生反应。

比较记忆法不仅对于学习数理化的公式和定理有用，在学习历史、地理、生物、英语等学科时同样有效。

## 3.3 英语：学起来可以很有趣

很多同学不是在英语环境中长大的，上学后才接触这门语言，学起来比较吃力。但其实掌握了正确的学习方法，英语并不难。

我也不是在英语环境中长大的，到了初中才开始学26 个英文字母，而且刚开始英语成绩也不好。但是后来我掌握了一些方法后，学得特别轻松。

### 3.3.1 单词语法：休闲娱乐中轻松学会

掌握单词和语法是英语学习的基础，但这不意味着英语学习就是死记硬背。以前我身边有些同学是通过每天背牛津词典的单词来学英语的，因此有一阵我也用这样的方式学习。但过了一段时间，我发现这样的学习效果并不好，还很枯燥。

后来我想，语言是用来交流的工具，英语当然也不例外。英语学习的关键是"用"，而不是"学"。语言不仅是单词和语法规则的集合，它还包括语调、语速等多种元素。如果可以把英语放到语境中去学习，我们可以直接学到单词和语法的应用。这种"做中学"（learning by doing）的理念，有助于我们更好地理解单词和语法的实际用途，还能提升我们的英语听力和口语能力。

要在语境中学习英语，可以将英语学习融入休闲娱乐活动中，不仅可以充实我们的休闲时光，还可以激发我们的学习热情，让学习过程更加轻松愉快。为此，我们可以这么做。

### 1. 听英语音乐

听英语音乐可以学习英语单词、语法，提升听力和口语表达能力。利用碎片化的休息时间听英语音乐，既能放松心情，又能起到学习的效果。

首先选择你感兴趣的英语歌曲。开始时可以选择歌词简单、节奏较慢的歌曲，随着听力水平的提升，再逐渐挑战更快节奏和复杂的歌词。建议不要只听某一位歌手或某一种类型的音乐，试着定期换一下曲风，或多听听不同歌手的音乐，增加多样性。

第一次听歌时，把重点放在对歌词词义的整体理解上，而不是一味地去体会字里行间的意思。然后查找歌词，跟随歌词再次听歌，这样可以帮助你理解一开始没听懂的部分。听歌时记录下不熟悉的单词和表达方式，后续再学习。

其次你可以尝试分析歌曲中的语法结构。一首歌曲或许会包含多种时态、语态和复杂句型。音乐是了解日常口语表达的好方式，听的时候也要注意歌曲中的俚语和非正式表达用语。

你还可以了解歌曲背后的文化背景和故事，这有助于你更好地理解歌词的含义。当你熟悉歌词之后，可以试一试自己创作或改编歌词，这会更有趣。

同时，你还可以尝试在不看歌词的情况下理解歌曲内容，这是一种很好的听力练习。重复听同一首歌，每次都尝试理解更多的内容，直到对整首歌曲都理解了。你也可以跟着音乐唱歌，这不仅可以锻炼你的英语发音，还能加强记忆。

### 2. 看英语电影

看英语电影也是一种既愉快又有效的英语学习方式。

可以选择你感兴趣的电影。兴趣是最好的老师，如果你对电影内容感兴趣，学习起来会更有效。对于初学者，可以从剧情简单的儿童电影或喜剧电影开始。随着英语水平的提高，可以逐步观看更复杂的电影。

观影初期可以使用中文字幕，帮助我们理解电影内容。随着听力理解能力的提升，尝试切换到英语字幕。之后可以尝试完全不使用字幕，反复播放难以理解的部分，直到能够完全听懂，这样可以更好地锻炼听力。

看电影的时候，关注其中的对话，记录下新的或不熟悉的单词和短语，可以暂停电影并查找学习，然后倒放重听一遍，也可以等电影结束后集中学习。

注意电影中的语法使用，比如时态、语态和句型结构。通过对话中的实际例子理解语法规则比单纯学习理论更有效。

如果想让自己的口语能力更上一层楼，可以尝试模仿片中人物的语音语调，也可以邀请朋友一起观看电影，然后讨论对电影的理解和学到的新词汇，讨论过程也可以用英语，顺便练口语。

如果想进一步增加朋友间的互动与乐趣，可以试着与朋友一起重现电影场景，这样也可以在实际场景中练习英语。

### 3. 试情景对话

选择日常生活中常见的情境，例如在餐厅点餐、在商店购物、在医院看病等情境。在练习前，列出这个情境下可能用到的关键词汇和常用表达，学习这些词汇的正确发音和用法。

分析这些情境中常见的语法和结构，如时态、条件句、问句等，尝试在对话中正确使用这些语法和结构。

如果想不到可以有哪些情景，可以从观看过的英语电影中找灵感，也可以试试英语课本中的情景。相同的情境是可以反复练习的，直到感觉舒适和自然。正式练习前多听或多看这些情景下真实的录音或画面，学习不同角色如何在该情境中交流。

接下来，可以试试与朋友一起进行角色扮演。每个人选择一个角色，在选定的情境中进行对话。也可以单独练习，通过想象对话的另一方身份，自行进行双方的对话。对话的时候记得录下整段过程，听回放并自我纠正用词、发音和语法错误。

在有条件的情况下，通过网络认识以英语为母语的朋友，并实际进行对话练习，尽可能在真实的英语环境中进行对话，如到英语角进行交流，在英语餐厅点餐或到英语商店购物等。如果可以向母语是英语的人寻求反馈，学习效果会更好，这样可以了解自己的发音和语法是否正确。

通过听英语音乐、看英语电影和试情境对话进行学习，这意味着我们会不断地听到、说出、写出同类的词汇或语法结构，这种重复也有助于加强记忆，而且会让学习过程更加轻松有趣。

### 3.3.2　阅读理解：再也不愁看不懂

对于母语不是英语的人来说，英语的阅读理解可能有些难。要提升英语的阅读理解能力，除了可以用前文的 SQ3R 阅读法外，还有一些别的技巧。

#### 1. 广泛阅读

通过广泛阅读各种类型的英语文章，我们不仅能增加词汇量，还能理解不同的写作风格和表达方式。简单来说，读多了，自然就会读了。

既然是广泛阅读，阅读的英语文章可以多样化一些。

- 小说：可以阅读各种类型的英语小说，从经典文学到现代小说。这些小说不仅能提供丰富的词汇和复杂的句子结构，还能帮助我们理解不同的文化背景和人物心理。

- 新闻和科学杂志：阅读这些实用性的文章可以帮助我们了解最新发生的事件和科学发展，同时学习专业术语和科学写作的风格。

- 历史文献：阅读历史文献不仅可以提升我们的阅读理解能力，而且可以使我们对历史事件的理解更加深入。

- 诗歌：诗歌是帮助理解英语修辞技巧和加强节奏感的好资料。通过阅读诗歌，我们可以学习到更多的比喻、拟人等修辞手法如何应用，还能在节奏感较强的朗诵过程中加深记忆。

要注意选择与个人英语水平相匹配的读物，在博览群书的时候要量力而行。对初学者来说，可以从简单的儿童文学和分级读物开始。当阅读理解能力提升了，再慢慢开始读那些理解难度稍大的英语文章。

例如，从简短的新闻报道过渡到深度的专题文章，或从简单的故事书过渡到经典小说。之后可以再加大难度，尝试理解更复杂的文章，如哲学著作或学术论文。

## 2.培养阅读语感

好的阅读语感对于提升阅读理解能力是必不可少的因素之一。阅读语感的核心是阅读理解的思维，这种思维不仅涉及对文章内容的直接理解，还包括对作者写作意图的推测和深入分析。

要培养这种阅读语感，可以在阅读每篇文章或重要段落后，尝试用自己的话简要总结所读内容，提炼出核心思想和关键信息。

接着，努力理解作者写作的主旨意图。这意味着要超越文本表面的信息，思考作者为什么写这篇文章，作者想要传达什么样的信息或情感。

对于作者没有直接表述的信息，尽量从文章中的线索进行推理，这需要对文章的结构有整体的把握和合理的分析。可以多看一些相关题材的文章或图书，试着去揣摩其中的联系。

例如，在阅读了一篇关于环境保护相关的新闻报道之后，可以再阅读一篇相关主题的科学论文，将两者进行比较，看它们是如何从不同的角度探讨同一主题的。

### 3. 积极注释

阅读的时候做注释，既可以提升英语的阅读理解能力，又能及时理解很多英语的词汇、语法或句子结构。

在看英语文章时，可以边看边记笔记。遇到不熟悉或不理解的单词时，用铅笔在书边或笔记本上做标记。对于文章中的主要论点或特别有趣的想法，进行标记和简短记录。对于难以理解的段落或生词，做上标记，并记录自己的困惑。

对于标记的生词，可以使用词典查找其意思。建议使用英英词典，这样查出来的解释也用英语表达，以便在英语的语境下更好地理解单词的含义和用法。

注意单词的词性变化、同义词、反义词以及搭配用法。将查找过的单词记录在笔记本或知识卡片上，包括单词的定义、例句和个人注释。定期复习这些单词，以加强记忆。

通过广泛阅读，我们可以在不断实践中提升阅读理解能力和增加词汇量，同时培养对英语语言文化深层次的欣赏能力；通过培养阅读语感，我们可以更深入地理解英语文章的内容及其背后的含义；通过养成积极注释和查找生词的习惯，我们可以更加主动和深入地提升词汇量。

### 3.3.3 作文写作: 好文章信手拈来

语言类学习有四大类技能——听、说、读、写，前面说过了听、说、读，接下来重点说说写。英语写作类题目的分值比重在英语考试中占比不低，包括英语作文题、翻译题或一些写作表达类题目。

先说一种比较传统的提升英语作文分数的方法——背例文。这种方法治标不治本。

我以前也用过这种方法，发现有两个问题。

- 背例文只能保证英语作文大致合格，因为例文的写作手法和模式都差不多，很多同学都会背，阅卷老师见到千篇一律的作文写法，不太可能给高分。

- 如果不具备真正的英语写作能力，那些没有在例文中出现过的、需要替换的部分依然写不好。结果就会得到一篇整体结构和连接句用得挺好，但主体内容却写得很差的英语作文，同样无法得高分。

英语作文要写好，少不了必要的练习。这其实和前文的听、说、读是一个道理：听得少，就听不懂；说得少，就说不好；读得少，就读不透；写得少，就写不出。

所以要提升英语写作能力，更准确的说法是：要练出英语写作能力。

可以设计一个以周为单位的英语写作计划，指定每周的特定日子是英语写作日，例如每周五的晚上。每周写一个新的主题，可以是叙事性的，可以是描述性的，也可以是反思性的或是议论性的。多练习不同的主题，就不怕英语作文出不同主题类型的写作题目了。

练习写作的时候要有明确的字数限制、格式要求和时间限制，这样把练习当成考试来对待，将来真的到了考场上，就可以驾轻就熟。

练习写作的时候，可以使用最近在课堂上学到的语法结构和词汇，将理论知识转化为实际应用。如果可能的话，将写作主题与英语课堂上正在学习的课文主题相结合，以加深自己对特定主题的理解。例如最近学的英语课文讲的是旅行见闻，我们也可以尝试自己写一篇关于旅行见闻的英语作文。

每次练习完之后，可以做自我评估，自己给自己打分并修订。可以给自己列一个问题清单，每练习一次后就总结作文中语法、拼写、内容连贯性等方面的问题。如果条件允许，还可以请英语写作能力比较高的人指导自己，也可以同学之间互评。

修订完英语作文后，建议试着再写一篇简短的反思日记，描述自己在写作过程中遇到的挑战、学到的东西和可以自我改进的地方。

我有一个英语写作练习方法非常有效——每天写英语日记。这个习惯是在我高中时养成的，那时候有不少成长的烦恼，有很多内心的小秘密，有很多话不知道该向谁说，于是就有了写日记的想法。但是我又担心爸妈偷看我的日记本，于是就开始用英语来写日记。这样就算爸妈看到了，也会以为那些只是英语写作练习。

我那时每天晚上在固定时间写英语日记，写的内容比较随意。有时候是日常生活中的小事，例如和朋友的某个聊天内容、和妈妈的某次沟通过程以及体育课上的某个出糗的事件等。我既会描述很多现实状况，又会抒发一些情感，还会写自己的梦想。

大概正是因为我写的英语日记不是特定主题的内容，提高了我对各种文体的写作能力，英语词汇量和英语理解、应用能力也因此有了很大的进步。

刚开始的时候我发现用英语写日记困难重重，一度想要放弃。但后来架不住内心的想法多，想找一个抒发的窗口，加上当时英语成绩一般，也想通过这种方式学好英语，毕竟这是一个很好的应用英语语法和词汇的方式。

而且日记是私人空间，在这里我可以自由表达，不必担心别人的评价，没有人会给我的英语日记打分。就算写错了也没人知道，我可以在回看日记的时候改正。

日记还是我做个人总结和反思成长的好工具。那时候的我正值青春发育期，情绪不稳定，思想不成熟，通过写英语日记，我可以更好地审视自己，理解自己的情感，回顾自己的成长。

写英语日记的这段经历为我后来出国，在全英语环境下无压力交流、学习打下了坚实的基础。

英语写作虽然是写，但它连接了前面的听、说、读 3 项技能，是对英语更系统、更全面的应用。

# 第四章

评估调整（evaluate and adjust）：总有一种方法适合你

········································

　　每个人都是独一无二的，具有不同的特质和学习风格，不同的学习方法在不同人身上的适用性也是不同的。

　　通过尝试和运用不同的学习方法，复盘和评估不同学习方法在自身取得的成效，我们可以调整并优化自己的学习策略，识别出最适合自己的学习方法。复盘、评估和调整学习方法是提高学习效率和进步所必需的。

········································

## 4.1 考试复盘：成绩越来越好

不要惧怕考试，不要排斥考试。考试是评估知识的工具，也是学习和进步的机会。通过全面的考试复盘，我们可以找到提高学习效率和考试成绩的方法。

### 4.1.1 测试效应：发现考试丢分原因

课业学习中有个测试效应（testing effect），也被称为检索练习效应，指的是在学习过程中，通过测试或检索信息来加强记忆和学习效果的现象。这个效应可以帮助我们有效地记忆和吸收知识，所以阶段性的考试是非常有必要的。

在学习某个知识后进行测试，我们需要从记忆中提取信息。测试可以帮助我们识别自己对某一主题的理解程度，从而可以对自己不太擅长或不理解的部分加强学习和记忆；可以检验哪些学习方法对自己有效，从而帮助我们调整学习策略。

除了学校的考试外，我们也应该定期进行自测。通过模拟真实的考试条件，我们可以更好地准备即将到来的考试，并提升应对考试的能力。

在安排模拟考试的时候，要尽量模拟真实的考试环境。考试时要选择安静的场所，尽可能保证考试进程中不要被打扰。模拟考试要遵循和实际考试相同的规则和时间限制。

模拟测试首选历年的考试真题。这样可以帮助我们熟悉真实考试的格式和题型，以及历年考试的难度水平。练习完历年真题后，可以练习一些针对当前学习内容的模拟试题。要确保模拟考试覆盖了课程全部的知识点。

考试紧张、焦虑和欠缺解题技巧是两种比较常见的丢分原因，这两种丢分原因和应对策略我会放在接下来的小节中重点介绍。除了这两种考试丢分原因外，常见的考试丢分原因和应对策略如下。

### 1.学习方法不当

有的同学没有明确的学习计划，导致学习时间分配不均衡：有的学科花了大量时间去学习，有的学科没有时间去学习。有的同学对课程内容的难点和重点把握不准确，花费大量时间在不重要的知识点学习上。有的同学采取的学习方法和策略比较单一，对知识点理解不深，一味死记硬背。

针对这一情况，可以调整学习计划，根据考试反馈的问题，合理安排时间，做到有的放矢，明确各学科的重点知识，对常考的知识点要针对性地进行重点突破。没有一种学习方法是人人适用的，可以尝试多种学习方法，找到适合自己的，学习效率就会显著提升。

### 2. 基础知识不牢固

基础打不牢，考试难考好。基础知识是理解更复杂概念的基石。有的学生可能会把重点更多地放在难度较大的知识点上；有的学生对基础知识的学习和记忆没有找到合适的方法；有的学生缺乏必要的基础知识复习。

我们要认识到基础知识的重要性，确保在学习新内容之前，基础概念清晰，理解透彻。学习过程中如果对基础知识有疑问时要及时解决。定期安排时间复习基础知识，通过做相关习题来检验和加强对基础知识的理解和掌握。

### 3. 身体状况不佳

有的同学考试发挥失常的原因是身体状况不佳。

例如有的同学考试前可能由于超负荷学习导致疲劳，身体不适；有的同学感冒、头痛等，因为生病而影响了注意力和记忆力。

有的同学长期熬夜或作息不规律，或缺乏足够的休息时间，导致考试期间感到疲惫和精神不集中；还有的同学饮食习惯不良，可能导致能量波动，影响考试期间的注意力和稳定性。

要保持良好的作息习惯，有规律的睡眠模式，充足的睡眠时间，尤其考前复习时一定不要熬夜，这样才能避免因身体状况不佳而发挥失常。

除了睡眠外，还要保持饮食健康平衡，避免摄入过多含咖啡因或糖分过高的饮食。要经常进行适度的体育运动，例如散步、慢跑、游泳等，使身体保持在健康、精力充沛的状态。

多审题，多自测，通过审题发现自己的薄弱之处，并对自己的薄弱之处进行系统的归纳和记录，以便在以后的学习中更加清楚地认识到自己的不足，避免考试时重蹈覆辙。

## 4.1.2 应对紧张：大脑空白时这样做

考试紧张是许多同学考试时普遍面临的问题，有的同学可能从考试前就开始紧张，考试头天晚上睡不好觉，特别是在面对重要的或难度较大的考试时。这种紧张通常来源于对成绩的高期望、对失败的恐惧，以及对未知（考试内容）的不确定性。

有的同学可能没有学会如何有效应对外界的压力和自己的焦虑。在面对考试时不知道如何放松自己，不能有效集中精力发挥出自己的最佳水平。如果没有做好充分的准备，考试的时候就比较容易出现烦躁和焦虑等负面情绪。

应对考试紧张，可以这样做。

### 1.深呼吸放松

深呼吸是一种非常有效的放松技巧，尤其是应对考试中的紧张时。正确的深呼吸既可以放松身体和心灵，又能提高大脑的氧气供应量，可以减少大脑中的应激反应，从而减轻紧张感，帮助恢复冷静和清晰的思维，增强思考能力。

当感到紧张后，尝试闭上眼睛，慢慢吸气，从1数到4，然后再慢慢呼气，从1数到4。将这个过程重复几次，把注意力放在呼吸上。在深呼吸的同时，尝试放松身体，从脚开始，逐渐向上至头部，感受身体的每个部位逐渐放松。

建议平时学习的间隙、睡前或感到学习压力时就要做深呼吸练习，把深呼吸练习融入日常生活中。通过定期练习，让深呼吸成为我们身体的一种自然反应。这样在紧张情境下，就可以自然而然地使用深呼吸来放松。

## 2. 积极暗示

给自己一些积极暗示可以提升自信心，减少考试前的紧张和焦虑，具体可以按照以下方式做。

考试前对自己进行积极的自我肯定，告诉自己"我已经准备得很充分"或"我完全有能力应对这次考试"。

一旦注意到自己有消极或负面的想法，立即用正面肯定来替换这些负面想法。例如，如果想到"我做不到"，立即转变为"我可以做到"。考试准备过程中，持续对自己进行激励和肯定，以保持积极的心态。

可以在考试前花几分钟时间，闭上眼睛，想象自己冷静地回答每个问题，顺利完成考试。然后感受与考试成功相关的情感，比如满足、自信和喜悦。

## 3. 时间管理

考试时，有的同学未有效分配做题时间，导致某些题目花费过多时间，而其他题目则因时间不足而无法完成。

这可能是因为有的同学缺乏一定的考试策略，没有意识到先做哪些题目更有利于得分，也不知道何时应该跳过难题；还可能是因为平时没有在模拟考试的时间限制下练习，导致实际考试无法适应时间压力。

要做好考试的时间管理，可以多尝试在模拟考试环境下练习，设定时间限制，以培养时间管理能力。练习时注意观察不同类型题目的用时，逐渐掌握自己完成各类题目的平均时间。

考试时先做简单或熟悉的题目，然后再处理那些难度比较大的题目，因为这类难题可能需要比较长的时间，会影响考试的节奏。对于某些特别难的题目，要学会在投入一定时间后放一放，确保有足够的时间完成别的题目。

考试开始时，快速浏览所有题目，对每部分题目进行时间分配。考试时要保持时间意识，注意监控进度。学习快速识别关键信息和解题思路的技巧，在有限的时间内做出最佳解答，以减少在每道题目上的停留时间。

俗话说有备无患，实际上，避免考试紧张和焦虑最好的方法是充分的练习和准备。欧阳修的《卖油翁》中那句经典的话"我亦无他，惟手熟尔"。如果对知识熟记于心，已经达到倒背如流的境界，紧张和焦虑自然会少很多。

把考试看作检验学习成果的机会，而不是威胁。考试失败并不可怕，不必总是要求自己每次考试的结果都十全十美。调整心态，将重点放在学习和成长上，可以减少对未知的恐惧和焦虑，让你考试发挥更出色。

### 4.1.3 解题技巧：各类题型这样得高分

不少同学考试丢分的原因是没有掌握各种题型的解题技巧。掌握知识固然重要，但解题技巧也同样重要。掌握的知识就像是一把好剑，解题技巧就像是剑法。二者相得益彰，缺一不可。

**1. 选择题**

解答选择题时，可以采用以下几种解题技巧。

（1）排除法

先排除明显错误的选项，从而缩小选择范围。

例如，历史选择题：以下哪个事件与拿破仑·波拿巴相关？

A. 1066 年的诺曼底征服

B. 1588 年的西班牙无敌舰队

C. 1799 年的法国十八日政变

D. 1917 年的俄国十月革命

解题思路：只要知道拿破仑生于 1769 年，死于 1821 年，就能知道这道题目的答案是 C。A、B 两个选项所在的年代拿破仑还没出生；D 选项所在的年代拿破仑已经去世。

（2）同义替换法

有时候，题目中的概念或表述会用不同的方式表达，识别这些同义词可以帮助理解题意。

例如，语文阅读理解的选择题：阅读下面的段落，选择一个最能表达段落主旨的选项。

段落部分内容为："这位作家的笔触细腻，能够深刻描绘人物的内心世界。他的作品常常展现出人性中的复杂性和矛盾性，让读者对人物产生强烈的共鸣。"

A. 作家的作品描写平淡，不涉及人物心理

B. 作家的笔触粗犷，专注于描绘外部环境

C. 作家的作品从深层次揭示了人性的多样性

D. 作家的作品主要关注历史事件，忽视人物描写

解题思路："笔触细腻"和"深刻描绘人物的内心世界"可以被理解为对人物心理的深刻描写。"展现了人性中的复杂性和矛盾性"表达了作品深层次揭示了人性的多样性。选 C。

（3）备选项对比法

有时候通过比较各个选项之间的差异，可以发现正确答案的线索。

例如，英语选择题：选择填入以下句子的正确单词。

"She is the _____ person in our team."

A. more funny        B. funniest

C. most funny        D. funnier

解题思路：比较各个选项，注意到它们在形容词的比较级和最高级的使用上有差异。"funny"是一个双音节以"y"结尾的形容词，其正确的比较级应该是"funnier"，最高级应该是"funniest"，句子中的"the"表明需要使用最高级形式，因此选 B。

### 2.判断题

解答判断题时，可以采用以下几种解题技巧。

（1）关注细节

注意题目中的细节，有时候一个小细节就能决定判断的正确与否。

例如，物理判断题：在一个密封的容器中，气体被加热时，容器的体积保持不变，气体的压力会增加。

解题思路：题中的关键细节是"密封的容器"和"体积保持不变"。这些条件说明在加热过程中，气体不能逃逸，体积也不会扩张，从而确保了气体压力的增加完全是由于温度的提升。因此，这道题目是正确的。

（2）寻找反例

尝试找到反例来证明题目的错误。这种方法在处理语法、逻辑或概念上的判断题时非常有效，尤其是在需要验证"所有"、"一定"或"完全"这类有绝对性陈述词的判断题时。

例如，英语判断题：在英语中，所有以"ly"结尾的词都是副词。

解题思路：要解答这道题目，我们只需要找到一个反例。一个明显的反例是词"friendly"，它以"ly"结尾，但它不是一个副词，而是一个形容词。因此，它就证明了题目中的说法是错误的。

（3）理解题目

仔细阅读和观察题目，确保完全理解题目的要求和信息。

例如，物理判断题：牛顿第二定律表明，物体的加速度与其所受的力成反比，与其质量成正比。

解题思路：根据牛顿第二定律，物体的加速度与其所受的力成正比，与其质量成反比。仔细阅读和观察题目后，能发现题目是错误的。

### 3. 问答题

解答问答题时，可以采用以下几种解题技巧。

（1）审题彻底

仔细阅读题目，确保完全理解了问题的要求。例如，在历史问答题中，如果题目要求"评述某事件的影响"，则需注意不仅要描述事件，还要分析其影响。

（2）条理清晰逻辑严密

答案应该有明确的结构，如引言、主体、结论。例如，解释一个物理现象，可以先定义概念（引言），然后详细解释（主体），最后总结（结论）。

（3）关键信息突出

答案中要包含所有的关键点。例如，求解某个二次方程，应包含方程的标准形式、求解步骤和最终解。

（4）使用准确的术语

在答案中使用学科相关的专业术语。例如，描述细胞分裂过程时，使用如"有丝分裂""染色体"等专业术语。

（5）举例说明

用具体例子来支持你的答案。例如，解释河流的侵蚀作用，可以用具体的河流（如黄河）来说明。

以上3种题型的解题技巧只是简要说明。限于篇幅和本书主题，不再展开列举更多的解题技巧。总之，要提高考试成绩，除了打好基础，掌握足够的知识体量外，也要掌握足够的解题技巧。

## 4.2　评估反馈：组队学习成长快

除了模拟测试或考试能给我们带来反馈外，与身边的人交流也能给我们带来有益的反馈。

照镜子可以给我们带来外貌方面的反馈，让我们审视自己的穿着是否得体；与身边的同学、老师或家长交流可以给我们带来学习上的反馈，让我们审视学习方法和学习效果是否适合。

## 4.2.1　学习小组：三人行必有我师

高中的时候，物理一直是个让我很头疼的学科。好在那时候有个叫李华的同学物理成绩不错。她就是个"物理通"，我有不懂的物理题一般都问她。

我读高中那个年代，保温杯挺贵的，是稀罕物，没几个同学用。我记得李华就有个保温杯，她每次向我解释物理概念的时候，都要把她的保温杯拿出来比划。

一会儿用保温杯解释力和运动的关系问题，一会儿用保温杯解释能量问题，竟然连光学问题她都能用保温杯解释。有时候我分不清她是在显摆她的保温杯，还是为了给我讲清楚原理。

不过多亏有她，李华和她的保温杯就像是一阵清风，驱散了物理笼罩在我脑海中的迷雾，让我克服了对于学习物理的畏惧，学会了如何将理论应用到实际问题中，我的物理成绩也逐渐提高。

李华跟我成了好朋友后，又介绍她的朋友张晓晨给我认识。张晓晨的化学学得很好，这恰好可以弥补我化学成绩的不足。我们三人可以相互交流各自擅长的学科，取长补短，共同提升。

这种学习方法叫学习小组法。

学习小组可以提供一个互相激励、共同成长、不断进步的环境。同学们可以互相鼓励，互相竞争，从而增强学习的动力；同学们可以分享自己的学习经验，通过观察和讨论，改进自己的学习方法和技巧。

学习小组可以提供大家在交流中得到锻炼的机会，也可以获得在团队协作中得到成长的机会。这种团队氛围可以让我们更加适应集体生活，提升社交能力。同学们也可以通过团队合作，更加了解彼此，增强彼此之间的信任和友谊。

## 1. 选择小组成员

首先，要寻找那些与你有共同学习兴趣和目标的同学。这样的小组成员更有可能积极参与和保持协作。可以选择与你在不同学科或领域中有不同专长的同学，保证小组成员之间互为补充，互帮互助。

当有一定学科专长的同学加入学习小组，这个同学可以作为其擅长学科的"督导教练"，分享自己在擅长学科上的学习方法和心得。通过学习小组的交流，这个同学也可以了解到别的同学在别的学科上的学习方法和心得。

## 2. 相互协作

学习小组成员可以一起研究和讨论课程中的难题，通过分享不同的观点和理解，可以更全面地理解问题。学习小组成员可以提出疑问并相互解答，这有助于弄清概念和消除困惑。

当学习小组成员需要帮助的时候，我们不要吝惜自己的时间，俗话说教学相长，教别人正是验证自己有没有学会的好机会，这正是后文将介绍的费曼学习法的精髓。帮助别人也是在帮助自己，如果我们积极地帮助别人，未来自己需要帮助的时候，别人也会积极地帮助我们。

学习小组成员可以相互监督学习进度。每个人可以定期分享自己的学习计划和进展，确保大家都在按计划前进。在学习过程中，可以以相互加油打气、彼此鼓励、互相表扬等方式来提供精神上的支持。

## 3. 交流分享

学习小组内的交流分享有助于成员更好地理解和吸收知识。

学习小组成员可以互相分享自己在课堂上的笔记。

这样，如果有人错过了课程或未能完全理解内容，可以通过共享的笔记来弥补；可以分享学习过程中发现的有用资源，如在线教程或相关图书，这有助于丰富学习资料；考试前可以共享彼此的复习资料，如总结笔记、练习题和模拟试卷，这可以帮助大家更好地准备考试。

学习小组成员可以定期举行知识和学习方法的讨论，帮助每个人更深入地理解课程内容。大家可以一边讨论一边攻克难题，也可以把提问与解答的过程变成一种知识游戏，增加学习的趣味。

### 4. 复盘评估

有时候自己很难看到自己的问题，但当把自己置身于集体之中，以彼此为镜，审视彼此，就会很容易发现问题。

可以定期安排学习小组会议，例如每周一次。在会议上，学习小组成员可以分享学习进展和反馈问题。这类会议可以用来评估学习小组的整体效果，也有助于发现学习小组成员的学习问题。

小组会议上最好每个人都能提供反馈，讨论学习小组的运作方式是否满足每个人的学习需求。

每次考试结束后，学习小组成员也可以聚在一起复盘考试过程和错题，相互帮助，发现考试出错的原因。

尊重、合作与沟通是保证学习小组有效的关键。学习小组要允许成员自由表达自己的看法，当成员提出不同观点或意见时，要先认真倾听并保持尊重。

每个人都有自己独特的学习方式和思维方式，接触多样化的学习方式才能使自己有更丰富的学习体会。不要批评或贬低别人的观点，可以提出建设性的反馈和问题，以推动深入的思考和讨论。

三人行必我有师焉，每个人都有值得学习的地方。我们要以虚心的姿态，汇聚于知识的圆桌，共创学习的绿洲。

在这种共学的环境中，各尽其才，互助互补，共同编织成长的旋律。这将会是一场心灵与智慧的和谐共处，引领我们在成长的征途上，向更加辉煌的明天进发。

## 4.2.2　比学赶超：榜样让成绩提得快

上个小节说到了互帮互助的学习小组，这个小节再说一种引入竞争的学习方法。

我每天在公园跑步的时候会发现一个有趣的现象，如果只有我自己在跑，我比较容易控制跑步的速度。如果我跑着跑着，身边有个同样跑步的人超过了我，我会不自觉地加快脚步想要超过这个人。

人天生就会将自己与周围的人进行比较，因此也会有追赶别人的冲动。如果我们在学习的道路上设定一个想要追赶的榜样，可以激发我们的学习动力和目标意识，在不知不觉中促进我们学习进步。

高一期间我常常考全班前五，那时全班成绩第一长时间被一个女生"霸榜"。我那时就以这个女生为榜样，想要在学习和成绩上超过她，后来全班第一就是我们俩轮流做了。我们也成了好朋友，以彼此为比较和追赶的对象持续提升自我。

为什么找一个自己对标的榜样会有这么好的效果呢?

### 1. 动力

榜样可以作为一种激励和动力。通过设定榜样，我们可以更加明确自己的学习目标和方向;通过学习榜样，我们可以不断促进自己的成长。

### 2. 引领

榜样可以作为一种引领，帮助我们了解自己应该具备的品质和能力。通过观察和了解榜样的经历和成就，我们可以更好地抓住成功所需的关键因素，从而在自己的学习中注重这些因素的养成。吸取榜样失败的教训，也可以避免重蹈覆辙。

### 3. 自信

通过设定榜样，我们可以更加自信地面对学习和生活中的挑战。我们会发现自己并不孤单，比我们优秀的人可能也比我们努力，也在追求同样的目标。这种认知可以让我们更加自信地面对困难和挫折，从而更好地应对学习中的挑战。

要为自己创造比学赶超的氛围，我们可以这么做。

**1. 寻找榜样**

合适的榜样可以为你提供宝贵的学习经验和启发。常见的榜样类型有 3 种。

- 成绩好的同学：成绩好的同学比较适合作为赶超的对象，适合作为学习的榜样。

- 学长学姐：通常学长学姐在学习上会有更多的经验，他们都经历过你正在经历的阶段。

- 专家学者：如果你有特别喜欢的领域专家或者成就已经非常突出的学者，可以选择领域专家或学者作为榜样。例如你特别喜欢物理，可以把牛顿和爱因斯坦作为学习的榜样。

**2. 学习榜样**

榜样不是"敌人"，一旦确定了榜样，可以尝试与榜样建立联系，寻求建议和指导，这样可以帮助你更好地规划学习策略。与榜样交流，往往能发现好的学习方法和技巧，提高学习效率和成绩。

如果与榜样交流不太容易，那么可以通过观察他们的学习习惯来了解他们的学习方法。如果你选择领域专家或学者作为榜样，可以阅读他们的学术论文或著作，了解他们的成长故事，进而了解他们的思维方式。

### 3. 赶超榜样

有了榜样之后，接下来就要制定目标和计划，赶超榜样。根据自己和榜样之间差距，制定学习目标和计划。学习目标要符合 SMART 目标法的原则。学习计划应该包括每天的学习日程、复习时间、完成作业的时间等。

为了确保学习计划顺利完成，可以建立一个学习日志或进度表，记录每天的学习时间、已完成的任务和遇到的困难。每隔一段时间，评估自己的学习进度，看看是否朝着目标前进，并及时调整和改进。

在赶超榜样的过程中，也许会有挫折。切记要保持坚定的决心，相信自己的能力，克服困难，锲而不舍。

当自己取得进步，离榜样越来越近时，记得给自己一点小奖励。这些小奖励，会让学习之路不再枯燥，变得充满乐趣和意义。

每一次自我肯定，都是心灵的一次温暖拥抱，让你在未来的征途中，带着更加坚定的步伐，朝着梦想的彼岸，更加勇敢地航行。

## 4.2.3　答疑解惑：寻找和利用导师资源

我以前有个同桌不知道什么原因非常怕老师，很多时候明明直接问老师效率更高，很快就能有答案，她不愿意，只问我和周围一两个同学。

我成绩比较好，她问我的所有题我几乎都可以告诉她解题思路。可那时候班里每过一段时间就要重新排座位，之后我不跟她同桌了，她周围同学的成绩一般，我发现她的成绩也直线下降。

可就算是这样，她有疑问也还是不敢直接问老师。周围的人如果也不知道解题思路，她就放弃了。

想要高效学习，就要懂得充分利用资源，老师本身就是学校配备给学生的导师资源，为什么不充分利用呢？

主动提问是学习中非常重要的一项技能，它有助于理解知识、解决疑虑。不要害怕提问，不要担心提出问题是否会被认为很蠢。提问是学习的一部分，每个人都曾经是初学者。

### 1. 敢于提问

当你在课堂上或课后遇到问题时，不要犹豫，去向老师提问。老师会喜欢那些对学习充满热情并主动提出问题的学生。学习的时候积极参与，提出问题，这表示你对所学知识有热情，也表示你尊重老师的劳动成果。

提问的时候也要注意，提问前先自己查找相关资料，也不要一有问题就问。向老师提问的时候，可以把你的思考说出来。如果老师讲课的过程没有时间提问，可以在课后找老师不忙的时候提问。注意要保持对老师尊重和礼貌。

在老师回答问题的时候，认真倾听，不要打断，记录老师讲解的重点内容。如果你没有完全理解老师的回答，可以请求老师用不同的方式再解释一遍。老师可能也不知道所有问题的答案，如果老师需要时间查找信息，我们应该给予理解和耐心。

### 2. 提开放式问题

向老师提问的时候，尽可能提开放式问题。开放式问题是那些不能仅用"是"或"否"来回答的问题。例如，"这道题我这么做对不对？"就不是开放式问题，而是一种是非类问题。"这道题我这么做有什么问题吗？"是开放式问题。

例如在生物课上，相比于问"所有细胞都有细胞壁吗"，不如问"植物细胞和动物细胞在结构上有哪些主要差异，这些差异如何影响它们的功能"。这个问题不仅需要老师详细解释细胞的不同类型，还能引导讨论细胞结构与其功能之间的关系。

提出开放式问题一般会得到更详细的回答，也会带来交流和讨论，有助于深入理解问题的本质。

开放式问题通常包括探究性的起始词，例如"如何""为什么""在什么情况下"等。在问老师开放式问题的时候，最好不要在问题中加入过多你的观点或假设。如果有想法，可以在老师做出详细描述或解释后再与老师讨论。

### 3. 记录和反思

在老师回答问题时，记录下重要的信息。把老师讲解的内容写下来有助于加强记忆。你可以准备一个专门的笔记本记录自己的问题和老师的回答。记录的时候注意使用简洁的语言，不必逐字记录，可以用自己的话总结老师回答的关键点。

定期反思和回顾你的问题笔记，思考老师的回答对你的学习有何意义。通过反思，你可以更深入地理解问题和答案，可能会发现之前没有注意到的细节。将新学到的知识与自己已有的知识相连接，能够帮助自己更加牢固地构建起知识框架。你可以定期向自己提问，问自己一些关于内容的问题，例如："我对这个问题的理解更深刻了吗？""我同意老师的观点吗？为什么？"多做一些练习题，把学到的知识多应用到实际的题目中，验证自己对知识的掌握情况。

我们可以用到的导师资源不只有学校的老师，互联网上有许多教育网站和论坛，可以利用在线的学习资源寻求答案。可以在互联网上寻找能回答自己问题的"导师"，和其他学生交流经验。

另外，不要忘了家长也是我们的重要支持。如果找不到适合的导师资源，也可以在家长不忙的时候与家长分享我们的学习的进展和遇到的困难。

在知识的海洋中航行，我们偶尔会驶入迷雾密布的海域，困难的暗礁和疑虑的波涛威胁着我们的行程。智慧的老师、关爱我们的家长、经验丰富的专家可以成为迷途旅人的指引灯塔。灯塔发出的光芒，照亮前方的道路，可以帮助我们驱散迷雾，看清前行的方向。

## 4.3 技巧强化：还有哪些好用的学习方法

学习方法具备一定的个性，每个人适合的学习方法也许是不同的。前文介绍了许多提高学习成绩的方法和策略，而学习方法也需要根据个体的需求和学科的特点进行调整和完善。

在本节中，我将进一步介绍一些可能适合你的学习方法，这些方法或许可以帮助你轻松取得好成绩。

### 4.3.1　教学相长：费曼学习法

我上高一那年，由于学校老师的人事调整，教数学的老师前后换过 3 位。同学们的数学成绩普遍不佳，我们班的数学平均成绩一直在学校排名垫底。

我那段时间也因为不适应其中一任数学老师的教学风格，好多难点问题没理解，成绩不理想。

后来为了学好数学，我买了几本高一数学辅导书自己钻研。也许是因为一开始没学明白，我发现就算看辅导书也不是那么容易就能提高成绩，好在对于那些不会做的题，后来慢慢摸着窍门，知道该怎么解题了，我的数学成绩开始慢慢好转。

周围的同学看到我的数学成绩提高了，都纷纷过来问我问题。他们的问题我也不是都能回答，但为了表现自己，那些不会的，我就先记下来，和提问题的同学说今天时间比较紧，这个问题短时间说不清楚，我明天再抽时间给你解释，然后晚上回去好好研究，直到自己完全理解。

有时候，虽然题目我自己做对了，但当同学问我的时候，我却发现自己竟然讲不明白。能把题目做对，不代表深入理解了知识。

我也曾一度认为，别人听不懂我的讲解是别人的问题。后来我渐渐发现自己对数学题目的讲解和数学老师相比差距很大。这种差距，正源于对知识理解深度的差异。

之后我开始热衷于给同学讲题，我发现这样做不仅是助人为乐，也能让我审视自己对这个知识点的理解和熟练程度。那些我能用简单语言讲明白的知识点，我多数情况不会犯错，那些我讲不明白的知识点，代表我一知半解，如果不补充盲点部分，很有可能会犯错。

我的人缘变得越来越好，数学成绩突飞猛进，很快成了班里拔尖的水平，在全校也数一数二。很多同学说，我比数学老师还懂数学。后来学习教育学，我才知道当年自己用的这种学习方法叫费曼学习法。

费曼学习法是一种以理解和教授为核心的学习方法。这种方法是以美国国家科学院院士，诺贝尔物理学奖获得者理查德·费曼（Richard Phillips Feynman）的名字命名的。

俗话说教学相长，通过教授他人可以深化自己的学习。当你尝试向他人解释某个概念或主题时，你必须以一种简单而清晰的方式表达。因为要教导别人，你需要"被迫"将知识进行组织和梳理，填补理解上的空白。

这要求你不仅要记住知识本身，而且要理解事实背后的原理和逻辑。你会开始提出问题，寻求答案，并与他人的反馈相结合，以便更好地理解。

当你试图向他人解释一个概念时，如果你发现自己无法简单明了地表达，或者你的解释没有得到别人的理解，那么这可能是一个警示信号，表明你对这个概念的理解还不够深入。接下来，你要回去重新研究和学习，提升自己的理解水平。

应用费曼学习法可以分为 6 个步骤。

### 第 1 步：学习

首先，选择你想要学习和理解的主题或概念。这个主题可以是学校课程中的一个难点，也可以是你感兴趣的某个领域。然后花一段时间学习这个主题或概念，直到你觉得自己已经学会了为止。

### 第 2 步：解释

找一个完全不熟悉这个主题或概念的人，以你能想到的最简单的方式，向这个人解释这个主题或概念。注意，过程中你要使用尽可能简单的语言或例子，确保听众能够轻松理解你的解释。这个步骤会迫使你将复杂的概念简化，确保自己理解。

### 第 3 步：识别空白

在解释的过程中，记录下你在理解上的难点或不确定之处。这些是你的知识空白，表示你需要更深入地学习和理解这些部分。这个步骤有助于你发现自己的不足，明确自己接下来的学习需求。

### 第 4 步：回顾

重新查看学习内容，填补你之前识别的知识空白。这一轮学习除了看原本的课本外，可以尝试不同的学习资源，例如互联网上的讲解视频。从更多的角度接触知识，可以学得更好。

### 第 5 步：简化

将学到的知识以更简单的方式重新解释给别人听。这一次教别人，你可能会发现自己的理解更深刻了。

### 第 6 步：反馈和改进

了解听众对你的反馈。这些反馈可以帮助你发现自己解释中的不足之处，并提供改进的方法和机会。通过不断地反馈和改进，你可以不断提升自己对知识的理解、表达和应用能力。

按照以上步骤使用费曼学习法，你将不再是被动地学习知识，而是主动思考、深入理解、重新组织知识。费曼学习法可以让学习更全面，通过理解和教授的过程，提升自己对知识的应用能力和表达能力。

### 4.3.2 集中学习：西蒙学习法

我读高中的时候，看过一篇英语课文，讲的是马克思学习语言的故事。课文大致的意思是马克思出生于德国，德语是他的母语。但他年轻的时候就被迫离开了自己的祖国，先后去过比利时和法国，之后又去了英国伦敦。

一开始，他的英语水平不高，但后来他努力学习英语，进步很快，没过多久就可以用英语给一家报社撰稿。又过了几年，他的英语已经非常熟练，可以用英语写书了。到马克思五十多岁的时候开始学习俄语，仅用了 6 个月，他就可以阅读俄语文章。

我英语一开始学得不好，学这篇课文的时候，我怀疑这里的内容会不会言过其实了？我小学和初中也学了很多年的英语啊，我怎么就没有像马克思一样那么快就学会一门外语呢？

后来我发现除了教学相长、持续练习外，集中学习也很重要。如果只是三天打鱼、两天晒网，用完成任务的心态学习，虽然也许可以应付每年的学业考试，但并没有学到一定深度，很难说真的学懂、学精一门学科。这就是为什么很多人上学的时候学了十多年英语，却还是不会用英语。

我高中时候记英语日记的时候，曾经恶补过一段时间的英语。因为我发现学了那么久的英语，我竟然连日常生活中的筷子、碗、盘子、洗洁精、微波炉、冰箱、卫生纸、马桶等都不会说。

为了写好英语日记，我必须快速学习这些虽然没有在英语课本中出现过，但却与日常生活息息相关的英语单词，当然还包括大量常用的语法。

我用一个暑假的时间，把家里所有的东西都贴上了英语标签，直到我在家的时候能熟练说出并写出看到的每一个物品的英语单词，并能用这些单词造句。配合每天晚上写英语日记的习惯，我的英语成绩突飞猛进。

后来我知道，我用的这种学习方法叫西蒙学习法。

西蒙学习法得名于美国国家科学院院士、图灵奖获得者、诺贝尔经济学奖获得者赫伯特·西蒙（Herbert A. Simon）。这种方法强调在一段时间内将注意力集中在学习任务上，以便更深入地理解和记忆知识。

西蒙学习法的核心原理是集中学习。人的注意力是有限的，当我们试图同时处理过多信息时，大脑可能会超负荷运转，导致信息的丢失或混淆。如果可以在短时间内把注意力集中到某个特定的学习任务上，尝试开足马力学习某个学科，学习效果往往更好。

这就像是烧水，如果短时间内开大火一直烧，持续做功，消耗一定的能量，用比较短的时间就可以把水烧开。但如果烧一会儿，停一会儿，再烧一会儿，再停一会儿，可能消耗更多的能量也无法将水烧开。

西蒙学习法强调要学好某部分知识，有三大核心要素，分别是必要的投入时间、正确的学习方法和持续高效的学习过程。

要有效运用西蒙学习法，可以按照以下5步来进行。

## 第1步：确定学习目标

首先，明确你的学习目标。这个学习目标不宜过大，应是在一段时间里可以学完的。例如相较于30分钟学会整本数学书，30分钟学会数学的某一节内容可能更现实。

完成学习目标的学习时间也不宜过长，太长的学习时间可能会让我们难以集中注意力。学习时间的选择和运用可以参考下个小节关于番茄工作法的内容。

## 第2步：创建学习环境

选择一个安静的学习环境，确保能够集中注意力，并清除掉所有可能分散注意力的干扰因素。创建学习环境和屏蔽干扰的具体做法，可以参考 5.3 节中关于提升屏蔽力的内容。

### 第 3 步：集中注意力

将所有注意力集中在当前的学习任务上。要学会引导和控制自己的注意力，让它完全投入到当前的学习任务中。这里可以参照 5.3.3 小节关于如何进入心流的方法，就算无法进入心流，也要保持注意力。

### 第 4 步：深度学习

深入地学习所选的主题，这里可以用 SQ3R 阅读法，不要死记硬背，做理解式的记忆：思考，提出问题，解决问题，并尝试将学到的知识与已有知识联系起来。

为了全面学习，还可以使用除课本以外的学习资源，如教辅资料、拓展文章、视频等，以获取多样的信息。

### 第 5 步：间隔学习

采用前文提到的艾宾浩斯记忆法、分段式学习和交替学习法等，定期回顾和复习学习内容，以加强记忆。

从以上步骤我们能看出，西蒙学习法并不是像前文提过的知识卡片法、关联记忆法、比较记忆法等某一种具体的学习方法，而更像是一套学习理念或学习流程。

想要有效运用西蒙学习法，需要知道其中涉及很多其他高效的学习方法，避免错误使用。

西蒙学习法强调短时间的集中学习，很多人以为运用西蒙学习法，就是在某段时间内只学习某一种知识，而且是大量学习。例如放暑假的时候，用连续两周的时间只学习数学。

这种做法对大多数人来说并不适用，原因前文讲分段式学习和交替学习法的原理时已经讲过。西蒙学习法虽然强调在短时间内学习某个具体知识，达到某个学习目标，但前提是在个人能承受、不影响学习效率的前提下。

西蒙学习法强调有目的、有计划地学习，能帮助我们更好地掌握知识，促进深度理解，减少注意力的分散和增强记忆。

### 4.3.3　劳逸结合：番茄工作法

我以前学习的时候有个误区，总是想当然地认为，学习和休息应严格分开。比如一天的休假我会这么安排：早晨起床后到下午，闷头学习，除了吃饭丝毫不休息，吃完晚饭后又彻底放松，玩到睡觉。

有的时候想放松一下，白天多休息，晚上再学习。结果到了晚上发现要学习的知识太多，根本学不好，无奈只能熬夜补作业，结果第二天早晨起来没精神。

我发现不论是白天集中大量时间学习还是晚上集中

大量时间学习，学习效果都不佳。刚开始学习的时候，也许还可以集中注意力，但学习一段时间后，注意力就像是一匹脱缰的野马，拉都拉不回来。

当注意力已经分散的时候，我以为是在逼自己用更多时间学习，实际上是在两眼放空，大脑就像是被装满了东西的盒子，如果再往里扔东西，东西只会被弹出来掉到地上。

这时候其实已经是学习的"垃圾时间"，非要把这种时间看成是学习时间，那是在自欺欺人。当长时间学习后，发现自己管不住自己的注意力时，还不如停下来好好休息，给自己创造一个高质量的放松时间。

后来我在一本书上看到了番茄工作法的原理和实施方法，对我很有启发。我尝试了一下，发现这种方法非常有效。在一段时间高效率的集中学习后，再配合短暂的休息时间，能让自己在接下来的学习中更容易集中精力。

慢慢地，我学会了运用番茄工作法来规划我的学习时间。我发现，这样的规划不仅可以让我更加高效地学习，也让我更好地实现了劳逸结合。

那么，究竟什么是番茄工作法？如何应用番茄工作法呢？

番茄工作法是一种被广泛应用的时间管理方法，它强调劳逸结合和集中注意力。把番茄工作法和西蒙学习法结合在一起使用，效果更佳。

番茄工作法的原理是当人们试图持续长时间地专注于一项任务时，注意力会逐渐减弱，导致注意力分散和效率降低。通过将工作分割成短暂的番茄时间（25分钟到30分钟），我们不必长时间保持高度专注，从而更容易在关键时刻保持注意力，提高工作效率。

应用番茄工作法，可以按照以下步骤。

### 1.设定目标

首先，明确你在一个番茄时间里要完成的学习目标，可以是作业、复习特定课程、写作文或者任何需要集中注意力的任务。

### 2.设置番茄时间

将学习时间分割成短暂的时间段，通常为25分钟到30分钟，这段时间被称为一个番茄时间。在这段时间内，全身心地专注于任务，避免任何干扰。可以使用计时器来帮助你管理番茄时间。

### 3.开始学习

启动计时器，开始学习。一旦番茄时间开始，就要全神贯注地投入到学习中，不要因为某些事而分心。这是你专注、深入学习的时间段，要全身心投入。

### 4. 休息时间

一旦一个番茄时间结束，开始短暂的休息，休息时间通常为 5 分钟到 10 分钟。这段休息时间是为了放松大脑和身体，不要再学习。可以站起来走动、伸展身体或做深呼吸来放松。

### 5. 复盘回顾

在休息时间结束后，回顾并记录下你在上一个番茄时间内的进展，包括你完成了哪些任务，是否遇到了困难，以及你的学习或工作效率如何。这种复盘有助于你了解自己的学习模式，获得改进的机会。

### 6. 循环重复

根据需要，可以选择继续下一个番茄时间和休息时间的循环。通常建议每完成 4 个番茄时间后，休息更长的时间，如 15 分钟到 30 分钟，以确保你得到充分的休息和恢复。

运用番茄工作法的时候要注意以下事项。

### 1. 交替学科

最好不同的番茄时间段学习不同学科，而且文科、理科交替学习效果更佳，例如第 1 个番茄时间学习语文，第 2 个番茄时间学习数学，第 3 个番茄时间学习历史。

## 2.拆分学习

不要期望短时间能学会太多的知识，如果某个学科要学习的知识比较多，将其拆分成知识块分段学习，将其分配到更多的番茄时间内学习。

## 3.灵活应用

番茄工作法是一种学习工具，它告诉我们一种学习原理，而不是固定不变的规则。如果你觉得这种方法不适合你，可以选择更适合你的学习方法。例如你发现自己比较容易进入心流状态，可以专注学习 40 分钟不受干扰，那就可以延长番茄时间。

通过运用番茄工作法，你可以记录自己的学习进展。这有助于建立自我管理能力和达成目标的能力。

我们可以清晰地掌握自己在每个番茄时间内学到的知识，这种进展可度量的感觉有助于提升自信心和学习动力。

# 第五章

# 主动学习（proactive learning）：
## 发现成长的乐趣

如果你不喜欢学习，学习对你来说是被动的，那么不论采取什么学习方法，都可能起不到作用。主动学习是一种积极的学习方式，能够让学习变得更加有趣和有意义，让我们在探索未知的过程中体验到成长的快乐。

　　本章将介绍一系列主动学习的策略和技巧，这些策略将帮助你更有效地学习。

## 5.1　学习兴趣：管理情绪波动促进学习

学习兴趣是学习的极大动力。情绪波动影响着学习兴趣。情绪波动可能由学业压力、社交关系或者其他个人问题引起。如果我们能够有效地引导兴趣、管理情绪，就能更好地维持和提升学习效率。

### 5.1.1　克服偏科：5 种策略发现学科之美

偏科是许多学生面临的问题。有些同学可能数学成绩比较好，语文和历史成绩比较差；而有些同学则恰恰相反。这一小节来探讨如何通过积极的方法来克服偏科，发现每个学科独特的魅力。

了解偏科背后的原因是克服偏科的第一步。找到引发偏科的原因，根据偏科的原因采取应对策略，才能有效应对偏科问题。

#### 1. 兴趣差异

兴趣是影响学习成效的重要因素。我们往往在自己感兴趣的学科上表现得更好。当某个学科内容与我们的兴趣或爱好不吻合时，我们就可能对这个学科不感兴趣，从而导致成绩不佳。

但我们对某个学科感到乏味和无聊，有可能只是因为我们还没有深入了解它的内在魅力。例如，数学中隐藏着宇宙的规律和奥秘，历史中承载着人类文明的进程和智慧，即使看似枯燥的物理，也有其解释世界运行规则的奇妙之处。开明思路，虚心学习，广开言路，不断探索，才能发现学科的有趣之处。

要提升对学科的兴趣，也可以尝试将自己感兴趣的学科和自己不感兴趣的学科关联在一起学习。

如果我们对历史非常感兴趣，但是对数学不太感兴趣，可以多研究历史上的数学家，研究这些数学家对科学的演进做过哪些贡献，通过历史切入到数学中。让自己从一个新的、更吸引人的角度来看待原本不感兴趣的学科。

### 2.能力倾向

因为每个人的认知能力、思维方式及学习风格各有不同，所以每个人都有能力上的强项和弱项。例如，有的同学在逻辑思维能力方面比较强，因此比较容易学好理科；有的同学可能在语言上比较有天赋，在创造性思维方面也比较强，因此学习文科比较轻松。

要解决这个问题，我们可以探索不同的学习策略，以弥补那些不是自身强项的学科。

例如，如果我们学理科比较轻松，但学文科感觉有点困难，我们可以尝试把自己在理科学习中成功使用的方法应用到文科学习中。比如可以用结构化的框架来写作文，或者用逻辑推理的方法来学历史。

此外，我们应该刻意练习那些学好弱项学科需要的特定能力。例如，如果我们发现自己在文科学习中比较困难，可以专门练习阅读理解和写作。

### 3.缺乏自信心

自信心对学习非常重要，缺乏自信心可能会影响学习效率。如果我们曾经在某个学科上考试成绩不佳，或某段时间学习某学科时遇到过比较大的困难，可能会导致我们对这个学科的学习失去信心，从而影响表现。

意识到自己的不自信是解决这个问题的第一步。当我们正视自己的问题时，才能找到解决的方法。

当我们在学习过程中取得进展时，及时奖励自己，这可以让我们感受到自己的努力得到了回报，从而增强自信心。

我们也可以通过寻找他人的支持来增强自信心。可以和老师、同学或家长交流，分享一下我们的感受和困难。

这时候你可能会发现，自己当前遇到的问题，别人也都遇到过。而且我们可以得到周围人的支持和鼓励，从而增强自信心。

### 4.负面情绪

有些同学不喜欢某个学科，可能是因为学习这个学科的过程中，和教这门课的老师有过某些不愉快的互动，例如某次考试成绩不好被老师训斥过，或者上课被老师点名批评过。

如果有这种情况，我们可以尝试从不同角度看待问题。例如，尝试回忆自己在这个学科比较好的表现，以及老师对自己好的方面。通过从积极的角度看待问题，我们可以缓解负面情绪，从而更好地学习这个学科。

如果你比较确定是因为某个老师而不喜欢某个学科，可以抱着开放的心态找这个老师沟通或聊天，尝试和这个老师成为朋友，就算这个老师现在已经不教你了，也可以尝试这么做。这样做可能会突破自己的心理障碍，与老师和解，也与这个学科和解。

### 5.基础较差

基础较差是偏科问题中比较常见的原因之一。如果在早期的学习阶段未能打好扎实的学科基础，一开始的学习没跟上，进一步学习这个学科就会遇到更大的困难。

要解决这个问题，我们需要回顾和梳理这个学科的基础知识。通过评估自己的知识水平，找出自己的弱点和需要加强的地方。

通过找到偏科的根源，我们可以更有效地采取措施来解决这个问题。注意，要给自己留下足够的时间和耐心。学习不可能一蹴而就，薄弱环节很难一朝一夕得以改变，就算发现了问题所在，也需要一段时间去逐步解决，经过持续的努力才能看到进步。

## 5.1.2  快乐学习：疏导负面情绪的5种方法

情绪在我们的日常生活中扮演着重要的角色。在学习中，情绪波动对我们的影响更是非常明显。负面情绪，如焦虑、沮丧或愤怒，会显著影响我们的认知能力，造成注意力、学习动力和记忆力减退。积极的情绪则可以显著提高我们的学习效率。

人类的情绪是进化过程中形成的复杂心理和生理反应系统，它是一种适应机制，帮助我们应对周围的环境。人类常见的负面情绪并非总是不利的。

事实上，适度的负面情绪是必要的，因为它们是一种信号，告诉我们需要关注某个特定的问题或情况。例如，恐惧可以让我们远离危险，愤怒可以激励我们对抗不公正。

无论正面情绪还是负面情绪，都携带着一种能量。正确地识别、管理和利用情绪能量，不仅能提高学习效率，还能提升幸福感。

积极的情绪，如感兴趣、有好奇心和乐观，能提升学习动机，从而增强记忆力和创造力，使学习过程更加高效和愉快。

适度的负面情绪，如适度的紧张和担忧，可以提高警觉性和注意力，帮助我们更专注于学习任务。然而，过度的负面情绪，如焦虑和沮丧，可能会分散注意力，降低学习效率。

我们要学会识别自己的情绪。在自己的心里"安装"一个暂停开关，当有情绪波动时，记得暂停一下，去观察自己的感受和反应。接下来，尝试理解这些情绪的来源。是某个事件、一个人还是某种思考方式引起的？

如果发现自己有负面情绪，不要压抑，压抑情绪虽然短期内可行，但长期压抑情绪可能导致焦虑、抑郁等心理健康问题，对身体健康产生负面影响，甚至引起或加剧某些身体疾病。

学会接受这些情绪，与情绪共存，然后试着找到一种更健康的方式处理它们。与其压抑情绪，不如疏导情绪。

有效的情绪疏导能帮助舒缓心理压力，同时也能减轻情绪压抑所带来的生理问题，对于身心健康都有一定的帮助。

要有效识别和利用情绪，疏导负面情绪，我们可以这么做。

### 1. 反馈转化

将情绪看作你当前状态的反馈。例如，如果你学习的时候感到无聊，这可能是一个信号，表明你需要改变学习策略或者寻找一些更难的知识学习。情绪可以提醒你关注自己的需要，比如休息、调整学习方法或寻求帮助。

当遇到负面情绪时，可以尝试找出其潜在的积极方面。将这种负面情绪转化为一种推动力，激励自己努力学习，以克服挑战和达到目标。

例如，对失败的恐惧可以转变成对成功的渴望，让逃避变成一种激励；对考试的焦虑可以转化为努力的准备，从而激励自己认真复习；对成绩的挫败感可以转化为反思的动力，从而可以及时评估、调整自己。

### 2. 情绪表达

当你发现自己有负面情绪时，可以与信任的人交谈。当我们与朋友、家人或信任的同学分享感受时，我们不仅可以得到安慰、支持或理解，还可以借此机会了解周围人如何面对我们当前的问题。也许你会发现，自己并不孤独。

写日记也是情绪疏导的有效途径。通过写作，我们可以更清晰地理解自己的感受，有助于我们从混乱的情绪中整理出思路。如果怕日记被别人看到，可以写英语日记。前文提过，我借助这种方法顺便锻炼了英语写作能力。

### 3. 正念练习

冥想和正念练习有助于我们意识到并接受自己的情绪。这种方法鼓励我们关注当下，而不是总是对过去烦恼或者对未来担忧。通过冥想，我们可以学会如何平静地观察自己的情绪，而不是被情绪所控制。

### 4. 艺术创作

绘画、写音乐、写小说或诗歌等艺术创作也可以作为一种表达和处理情感的方式。这种方式帮助人们通过创造性的表达来理解和释放内心的紧张感和冲突感，也为那些难以用言语表达情感的人提供了一种替代方式。

### 5. 体育运动

体育运动是情感宣泄的有效方式。运动不仅能改善身体健康，还能促进大脑产生令人快乐的神经递质——内啡肽，有助于减轻压力，促进心态平和。无论是跑步、游泳还是瑜伽，定期参加体育运动都可以显著改善情绪。

如果我们的情绪问题已经到了难以管理的程度，千万不要憋在心里，记得一定要跟家长说。让家长判断是否需要向专业的心理咨询师或心理医生寻求帮助。

管理情绪犹如驾驭一艘帆船，当我们理解情绪如何微妙地影响着我们的学习效率，便能更灵活地调整心灵的帆布，减轻那些潜藏在波涛下的负面情绪和压力。

画家在画布上描绘情感的色彩，在学习的画布上，我们也能用好情绪的调色板，绘制出更加丰富多彩的知识画作。

### 5.1.3　心理弹性：抵抗学习压力的秘诀

不少同学对学习失去兴趣的原因是学业压力大。压力这件事很有趣，在同样的环境下，有的同学好像感觉不到压力，有的同学则好像被压力压得喘不过气来。这跟每个人的情绪管理能力有关，也跟心理弹性有关。

心理弹性，又被称为复原力，指在面对逆境、创伤、悲剧、威胁或其他重大压力时的良好适应能力。这种能力使人能够在逆境中保持情绪稳定，甚至从中成长。

心理弹性比较大的人，即使在压力下感到不安或困惑，也能够找到方法来应对这些情绪，并从经历中学习和进步。

要提高心理弹性，我们要先学会理解成长。一帆风顺的过程不是真正的成长过程，这可能说明你还没有走出舒适圈。困难和挑战是学习中难免会遇到的，不是失败的标志，而是检验我们的机会，也是成长不可或缺的一部分。

我不是一开始就成绩优异，我也是从一名成绩平平的学生一路走到了名列前茅。

我深知学习一段时间却不见成果的痛苦，我也能体会怎么背都背不下来的失落，我还能体会在考场上一片茫然，好像所有复习的内容都瞬间蒸发的无助。

在那一刻，我心里充满了焦虑和不安，仿佛所有的努力都化为乌有。但我没有让这些挫折击败我。

我尝试改变自己的学习方法，不再是单纯地死记硬背，而是努力理解每一个概念的本质。我开始参与学习小组，和同学们一起讨论问题，互相帮助。

我还发现学习中的一些小技巧，比如制作思维导图来帮助我组织和回顾知识点，或是通过教授别人来加深我自己的理解。这些方法不仅提高了我的学习效率，也让我在学习中找到了新的动力。

随着时间的推移，我的成绩取得显著进步。这使我更加坚定了一个信念：没有什么困难是不能克服的，只要自己有明确目标，且不断努力就可以了。

在这个过程中，我学到的东西远远超过了书本上的知识，而且实实在在地感受到了成长的滋味。我学会了如何面对挑战，如何在逆境中寻找机会，以及如何通过不懈的努力实现自我超越。

这段经历对我来说非常有意义。它不仅改变了我对学习的看法，也塑造了我的性格，让我成为了一个更加坚韧、自信的人。回首这段旅程，我深深感激那些曾让我感到挫败的时刻，因为正是它们铸就了今天内心更强大的我。

有挑战不是坏事，要理解成长，就要认识到生活中的每一个挑战都是一次自我提升的契机。

在安逸中，我们很少有机会去测试自己的极限，去探索未知的领域，或者去学习如何应对不期而至的困难。因此，当生活中出现困难或障碍时，我们应该视其为成长的礼物。

在面对困难时，我们学习如何坚持不懈，如何从不同角度思考问题，以及如何找到解决问题的创新方法。

这些经历不仅是克服困难的过程，也是我们反思和学习、建立自信、增强自我意识的过程。每当我们克服一个困难，都是在向自己证明，自己比昨天更加强大，更有能力。

在面对困难时，尝试将情绪从消极转为积极。例如，将"我做不到"转变为"我如何做到"；将"这太难了"转变为"解决方案是什么"；将"这是不可能的"转变为"怎么做能实现目标"。

这种积极的自我对话可以帮助你改变对现实情况的看法，让你更加专注于成长和解决问题。别总盯着问题，把目光放到解决方案上。

真正的成长并不是一帆风顺的旅程，而是一条充满波折、不断学习和自我超越的道路。每一个挑战、每一个困难，都是我们在成长道路上的一个标志，提示我们正在走向更成熟、更智慧的自我。

通过欣然接受生命中的困难和挑战，我们成为了心中那个更好的自己。

## 5.2 行动力：打造坚不可摧的自控力

高效学习的行动力需要自控力。自控力是我们控制自己行为和冲动的能力。强大的自控力有助于我们抵御诱惑，保持专注，并在面对困难时可以从容应对，帮助我们达成长期目标。自控力可以通过刻意训练、建立习惯系统和时间管理技巧来实现。

## 5.2.1 克服拖延：增强行动力的策略

一说起拖延，很多人认为是因为缺乏行动力。如何提升行动力？不少人认为关键在于自控力或意志力（本书视自控力或意志力为相同含义），然而真是这样吗？

先说什么是自控力。自控力是一种心理资源。这种资源是有限的，就像肌肉力量一样，是可以被耗尽的，但也可以通过适当的练习和管理得到加强。当面对需要自控的情境时，如遵守学习计划或抵制干扰，自控力发挥着关键作用。

解决拖延问题的关键是提升自控力吗？事情没有那么简单。

对于偶然的、单次的、面临诱惑有限的拖延来说，提升自控力确实有可能解决这类拖延问题。但对于长期的、频繁的、面临诱惑比较多的拖延行为来说，要解决拖延问题提升行动力就要从两个方面着手：一是理解拖延问题的根源，调整心理状态，釜底抽薪式地解决拖延问题；二是养成好习惯，让行动自然发生。

关于如何养成好习惯，下个小节再说，本小节主要聚焦于拖延问题本身，查找形成拖延问题的原因，对症下药。

产生拖延问题的原因都有哪些呢？如何应对这些问题呢？

### 1.感知任务困难

当你感觉某个任务很难，"难于上青天"的时候，就可能导致拖延。有时候，即使这个任务在客观上并不复杂，有的同学也可能因为心理因素（如焦虑、恐惧）而将其感知为困难。

这可能是因为这些同学曾经在类似的任务上遭受过失败；可能是因为自己不熟悉或不擅长这类任务，可能会感到不自信，担心无法完成任务；也可能是因为任务目标不明确，行动路线不清晰，可能因不知道从哪里开始而感到困惑和压力，导致拖延。

针对这类问题，要做好心理调整，客观、合理地评估任务的实际难度，避免过度夸大。

把大任务分解成小步骤，每完成一小步，都会给自己一次积极的反馈。为自己设定小的、易于达成的目标，逐步推进。

另外，打铁必须自身硬。打好基础，增加练习，提升自己的能力，也就不觉得难了。

切勿"一朝被蛇咬，十年怕井绳"，若有以往失败的经历，可将其看作是对失败原因的一次学习、一次剖析、一次教训。失败过，反而应该让你更自信，因为你拥有别人不具备的宝贵经验。

### 2. 倾向完美主义

倾向完美主义的人往往会不自觉地为自己设定非常高的标准，这些标准甚至可能高得不切实际。例如有的同学成绩在中等水平，但自我要求过高，认为自己应该是全班第一。

这类人会将自己的价值与成果紧密关联，感觉只有达到完美才能证明自己的价值；有时候对任务中的每一个细节都追求完美，可能导致进度缓慢或停滞；有时候会担心无法达到高标准，对可能的失败感到恐惧，导致避免开始任务。

针对这类问题，学习的时候，应当用理性设定既有挑战性又可实现的目标，避免不切实际的期望。当发现自己有不切实际的完美主义想法时，需要进行有意识的调整，了解并接受事物不可能总是完美的，认识到在许多情况下，"足够好"是可以接受的。

意识到自己的完美主义倾向往往就能在这类拖延问题上有所改善，可以试试将注意力集中在学习和成长的过程上，而不仅是最终结果上。学会认可和庆祝每一个进步，而不是只有在达到完美时才感到满足。

### 3.缺乏内在动力

内在动力是一个人行动的关键，就像汽车需要汽油或电才能跑起来，人也需要一定的动力才更愿意主动采取行动。

如果任务枯燥或与兴趣不吻合时，我们可能会觉得无聊，从而缺少完成任务的动力。或者当有的同学对于学习任务的目标感到模糊或认为这些目标与自己的长期目标无关时，可能会缺乏动力。有的同学过度依赖外部奖励（如成绩、表扬等）也可能导致内在动力的缺失。

针对这类问题，可以尝试将任务与个人兴趣相结合，寻找任务中有趣和具有挑战性的方面。设定与个人兴趣和长期目标相关的小目标，增强学习任务的吸引力。尝试更多样的学习方法或途径，如参与小组讨论、动手做实验等，以增加学习的趣味性。

可以尝试通过完成比较简单的学习任务来积累成功经验，逐步建立信心，提升自我效能感。注意减少对外部奖励的依赖，建立一种内在奖励机制，例如为自己的努力和成长感到自豪。

尝试将学习和长期目标联系起来，定期反思自己的学习过程和成果，理解学习本身的价值和意义。

除了以上 3 种常见的原因，时间管理不当也是导致拖延问题的一大原因。有的同学缺乏有效的任务优先级划分能力，导致重要任务被延后，小任务占据了大量时间。后文中我会详细介绍时间管理技巧，有助于解决这个问题。

拖延不过是心灵深处的小怪兽，时常诱惑我们逃避现实、逃离责任，我们能够勇敢地与它对视，这是克服拖延问题的第一步。通过识别和理解自己拖延的根本原因，我们才可以更精准地应对拖延问题。

## 5.2.2 习惯的力量：不费力的自动驾驶系统

不论学校学习阶段，还是工作后，我都会刻意观察和学习身边优秀的人。我会观察他们的行为，了解他们的生活，看他们优秀背后的秘诀是什么。

我发现，无论是学习、工作还是生活，那些优秀的人通常都至少有一个或几个优秀的习惯。比如有的人养成了不拖拉的习惯，这种习惯可以有效避免拖延问题；有的人养成了早睡，并且早起锻炼身体或学习的习惯，让自己的时间仿佛比别人多了一部分。

我开始思考，这些习惯会不会正是他们优秀的关键？我开始尝试模仿他们，学习他们的优秀习惯。我发现，当我也具备这些优秀的习惯后，我也逐渐变得像他们一样优秀。

习惯决定人生。优秀也许并不是一种偶然，而是基于一些行为习惯。优秀的人并不是因为他们优秀才有了某些习惯，而是因为他们有了某些习惯，才变得优秀。

如果你想变得优秀，不要去寻找捷径，不要去追求奇迹。开始培养自己的习惯，让自己成为一个优秀的人。因为，优秀来自日积月累的好习惯。

前文提过，人的自控力像肌肉力量一样，是有限的，用多了会累。每天只依赖自控力学习往往是不够的，也是不可持续的。当我们总是用自控力去对抗诱惑或保持专注时，渐渐会感到疲惫不堪。

那应该怎么办呢？正确的做法是依靠有限的自控力，为自己建立起一套行为的"自动驾驶系统"，让自己可以不使用自控力就能每天做出正确的行为。这套行为的"自动驾驶系统"就是习惯。

好的习惯可以在很大程度上减轻依赖自控力学习的负担。如果我们养成了每天固定时间学习的习惯，那么在这个时间点，学习行为就会自然而然地发生，而不是需要我们每次都通过大量的自控力来推动行为。一旦习惯形成，即使在自控力处于低谷时我们也可以轻松行动。

习惯的力量在于它稳定而持久。一旦形成，好的习惯就会成为我们日常生活的一部分，减少我们在决策时的犹豫和脑力消耗。

如何培养良好的学习习惯呢？养成好习惯与3个关键点有关。

### 1. 重复行为

习惯的形成始于重复。每当我们重复一个特定的行为，比如每天在固定的时间阅读文章或写作业，我们的大脑就开始将这种行为"编码"为常态。随着时间的推移，这种重复性的行为将逐渐成为我们日常生活的一部分。

我们可以制定一个固定的学习时间表，每天在固定的时间学习，这样可以培养出日常的学习节奏。例如，每天放学后的第1小时用于写作业，吃完饭后的第1小时用于复习当天所学的内容。

这种学习节奏有助于将学习变成一种习惯，也有助于避免拖延问题。

### 2. 环境条件和触发因素

习惯的形成还与特定的环境条件或触发因素密切

相关。

例如，为自己创造一块专属的学习区域，比如书桌上，而不是在饭桌或者在茶几上；并且固定每天晚餐前后的学习任务，形成稳定的学习模式。

### 3. 奖励反馈

除了环境条件和触发因素外，奖励反馈也是形成习惯的关键。奖励能提供额外的动力，尤其是在习惯尚未形成时。作为一种即时反馈，奖励能够帮助自己立即强化采取行为的意愿。

对于日常小目标，可以设置小奖励，如休息十分钟。对于长期或较难达成的目标，可以设置大奖励，如与家人去某个公园游玩。

这里的奖励不一定是物质上的奖励，也可以是精神上的收获。例如，当我们完成了一项学习任务，并因此感到满足和自豪，这种感受就是一种奖励，或者在周末完成学习任务后奖励自己看一场电影。

虽然习惯的形成可能需要付出一定的时间和努力，但一旦建立起一个好习惯，其带来的积极影响是长远的。良好的学习和生活习惯不仅有助于在学业上取得成功，还能促进个人的全面发展，为将来更长久的成长与进步奠定坚实的基础。

## 5.2.3　时间管理：艾森豪威尔法则

在我初二升初三分班以后，座位后面的两个同学（高丽娟和张娇）成绩差不多，都名列前茅。她俩性格迥异，高丽娟一丝不苟、小心谨慎，张娇则大大咧咧，不拘小节。

有趣的是，初三的学业任务不少，高丽娟总是喊着时间不够用，张娇则看起来很从容。

我发现高丽娟会因为记笔记的笔应该用什么颜色而纠结很久，会为选什么样式的铅笔盒而在商店里伤神很长时间，还会为某段笔记字写得不好看而恼火重写。张娇则刚好相反，她只在乎自己知识掌握得怎么样。

随着时间的推移，张娇的成绩逐渐领先于高丽娟。到了期末，张娇的成绩仍然在班级里名列前茅，而高丽娟的成绩则退步不少。

没有人在时间总量上比别人有优势，对于学生而言，重要的不是时间多少，重要的是如何利用好这些时间。专注于那些重要的事情，可以使我们在学习和生活中取得更好的成绩。

强大的自控力有助于有效管理时间，让我们遵守时间表，完成学习计划，优先处理重要任务，抵制拖延等行为。然而，有效管理时间不能只靠自控力，还要有技巧。

掌握正确的时间管理技巧，能事半功倍。

有效管理时间，可以用艾森豪威尔法则。艾森豪威尔法则是由第34任美国总统、五星上将德怀特·戴维·艾森豪威尔（Dwight David Eisenhower）提出来的。艾森豪威尔还曾经担任过哥伦比亚大学校长。

艾森豪威尔法则根据任务的重要性和紧急性，将任务分为4个类别，分别是既重要又紧急、重要不紧急、紧急不重要、不重要不紧急，如图5-1所示。

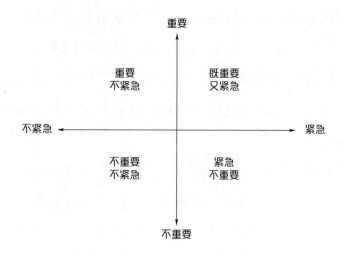

图5-1　艾森豪威尔法则示意图

## 1. 既重要又紧急

既重要又紧急的事情是那些需要立即处理并且对学习和成长有显著影响的任务。

例如，明天就要进行数学期中考试，这场考试对期末成绩有重大影响，那么今天复习数学就是既重要又紧急的任务。或者老师突然宣布下周要进行一场重要的阶段性物理考试，这场考试的成绩将计入总成绩，这周复习物理就是既重要又紧急的任务。

识别出这类学习任务后，应立即采取行动。在时间有限的情况下，这类学习任务的优先级是最高的，要确保有足够的时间和精力来处理。处理这类任务时要足够专注，没有完成这类任务前，不要去想或去做优先级更低的事情。

### 2. 重要不紧急

重要不紧急的事情是那些对学习和成长有长远影响，但并不需要立即完成的任务。这类任务由于没有紧迫的截止时间，往往容易被忽略或推迟。正确识别并合理安排这类任务是提高学习效率的关键。

例如，虽然下个月才有化学考试，但从现在开始每天复习和预习是非常重要的，这有助于加深理解和记忆；或者虽然离暑假结束的时间还有3周，但暑假作业要每天都做，不能等暑假快结束了再做。

不要忽视这类重要但不紧急的事情。相较于其他三种任务类型，这种任务类型处在第二优先级。由于这类学习任务不紧急，但又比较重要，为了防止忽略和遗忘，要合理安排时间，制定一个时间和行动计划，并落实行动，确保这类任务能稳步推进。

### 3. 紧急不重要

紧急不重要的事情是指那些看似需要立即处理，但对学习和成长影响较小的任务。这类任务虽然比较紧迫，但对提升学习成绩来说没有那么重要。很多人在这类任务上耗费大量时间，正确处理这类任务是有效管理时间和减少不必要压力的关键。

例如，忽然收到某同学当天晚上生日聚会的邀请，一直想看的电影明天就要撤档了，朋友想让你现在陪她逛街买东西，邻居忽然找你帮他上网查个资料，等等。

这类任务处在第三优先级。如果必须处理，首先要确保当前没有既重要又紧急和重要不紧急的事项。当这些任务影响到你的主要学习任务和学习目标时，要学会拒绝，否则时间很可能在不知不觉中不够用。

遇到这类任务，首先要评估这些任务是否真的值得你花费时间和精力，是否真的需要你本人亲自立即处理，如果不处理会有什么样的损失，能不能推迟延后处理，能不能通过别的方式处理这类任务（例如委托别人）。

### 4. 不重要不紧急

不重要不紧急的事情指的是那些既不会对学习和成长产生重大影响，也不需要立即完成的任务。这类任务通常与学习目标关联度较低，且没有明确的截止时间。正确识别和应对这类任务，能有效节省时间。

例如，阅读与当前学习没有直接关联的图书，尽管可能这类图书有趣，但并不紧急，也不是学习计划的重要组成部分；参与社区组织的为期 1 天的折纸活动，尽管是一种休闲，但可能占用过多更重要的学习时间。

这类任务的优先级是最低的。识别出这类任务后，如果有充足的时间，可以考虑，如果时间不够用，应当坚决忽略。如果实在想做，可以把这类任务作为一种学习后的放松和奖励，但前提是不能影响到那些重要的学习任务。

艾森豪威尔法则并不难理解，有效应用这个法则管理时间的关键是正确识别出不同任务的种类，然后给这些任务排出优先级顺序，并坚决果断地按照这个法则实施行动。

当然也要注意劳逸结合，确保自己有足够的休息时间，也可以利用休息时间做低优先级的事情。

## 5.3 屏蔽力：排除干扰实现专注

屏蔽力是有效隔绝或减少外界不必要的或干扰性信息和刺激，以保持高度专注的能力。这里的干扰性信息和刺激，不仅涉及物理环境中的信息源（如噪声或多余的视觉刺激），也包括心理和社交方面的干扰（如压力、社交干扰等）。

屏蔽力不是一种静态的特质，而是一种可以通过练习不断提升的技能。

### 5.3.1 干扰时代：提升屏蔽力，找回消失的时间

记得我上学的时候，曾经遇到过这样的情况，相信你也遇到过。

某天我要复习备考，一大早来到图书馆，选了个相对安静的角落，打开了我的课本和笔记，准备专心复习。刚坐下不久，就听到坐在我附近的一个人和旁边的朋友低声聊天，虽然他们声音不算大，但足以让我分心，我开始不专注了。

这时候，我的手机震动了。好朋友发来了一条信息："你在哪里？要不要一起吃晚饭？"

我本想答应，但转念一想，自己马上就要考试了，想把更多时间用在复习上，可又觉得拒绝好朋友的邀请有些不妥。纠结了好久，终于还是回复她说我需要学习，但这个过程已经打断了我原本的学习思路。

图书馆的空调突然开始发出噪声，我也搞不懂这个噪声是每个人都能听到还是只有我能听到。

我觉得有点不适，逐渐开始注意到环境中其他微小的声音，窗外树叶的沙沙声、周围同学的翻书声，那些原本自己根本注意不到的声音，这时不知道为什么竟然如此清晰。

我发现这时候大脑的思考速度也变慢了，看到一个老师讲过的概念怎么也想不起来是怎么回事，打算在网上查找。于是拿起手机打开浏览器，但浏览器旁边都是一些社交娱乐类 App（application，应用程序），我不自觉地点开这类 App 开始刷了起来。

不知不觉过了好久，我才意识到自己要学习，赶快放下手机，开始学习。

图书馆中有人不断地走来走去，尽管他们没有发出什么声音，但我视线的余光总能看到有人在来回走动，这让我感到有些不适。

此时，我的手机忽然再次震动，吓了我一跳。这次是一个电话，我妈打来的，就是询问一些日常起居。尽管通话时间不长，但我觉得重新进入学习状态变得更加困难了。

因为我在复习时多次被打断，我开始觉得焦躁不安，甚至开始怀疑自己的学习能力和注意力。尽管我选择了图书馆这样一个相对有利于学习的环境，但因为有多种干扰因素，我的学习效率并没有达到预期。

好不容易逼迫自己找到一点感觉，发现周围陆续有人开始离场，这时候肚子咕噜咕噜叫起来。一看时间，已经中午了，再不去打饭，食堂就关门了。我开始感叹：时间都去哪了？后来我发现这样下去不行，我决定采取一些措施来提升自己的屏蔽力。

首先，我在网上购买了一副耳塞。当我再在图书馆学习时，我会戴上耳塞，这会给我一种前所未有的安静。后来我把耳塞换成了降噪耳机，发现效果更好，图书馆内的噪声几乎都被隔离了。

然后，我开始尝试训练注意力。每天早上起床除了学习之外，我会花 10 分钟做冥想，帮助自己集中注意力。这个习惯渐渐地帮助我即使处在嘈杂的环境中，也能迅速进入学习状态。

除此之外，我还制定了严格的手机使用规则。在学习的时候，我会把手机设置为勿扰模式，避免一切不必要的打扰。后来，我干脆把手机放到自己看不到的地方，我发现这样可以减少我对社交娱乐类 App 的依赖，从而专注于学习。

这些改变逐渐显现出效果。我开始能更好地控制自己的注意力，即便周围有一定的干扰，我也能快速地调整状态，专心于手头的工作。我的屏蔽力比之前更强了，学习效率也因此得到显著提高。

你应该感受到了，我们已经生活在一个全方位受到干扰的时代。不论你在哪儿，不论你要做什么，周围总是有那么多可能打扰你的因素。

在家里，家人的起居、电视的声音、做饭的声音；在公交车或地铁里，屏幕会一直播放广告，有孩子们的哭闹声，有乘客们的聊天声，还有车厢的机械噪声；即使在大自然中，风吹、鸟叫、蝉鸣、孩子们的嬉戏打闹的声音：这些都可能干扰你。

你的手机会时不时地收到新通知，各类平台的内容更新不断诱惑着你，让你分心。在这样的环境中，要集中精力去完成一件事情变得愈发困难。就算是在看似安静的环境中，如果不具备一定的屏蔽力，你依然很容易受到外界干扰。

每一次的干扰都有成本，每次被干扰失去的不仅是时间，还可能包括幸福感。当你的大脑不得不因为干扰而频繁转换注意力，将消耗大量的脑力资源，导致思考混乱，精神涣散，最终导致学习成效下降。

我们都会有这样的经历，当自己专心做某件事被打断后，需要花费很长时间才能重新进入到之前专注的状态。在充满干扰的一天里，一次又一次被打断的恢复时间可能会累积到几小时，这必将极大地降低工作效率、学习效果和生活质量。

在如今这个信息爆炸的时代，不论是为了专注学习、快乐生活还是高效工作，每个人都需要具备屏蔽力。

要构建强大的屏蔽力，我有3点建议。

- 通过优化学习环境，你就能获得更多的注意力"资本"。这就像是一种投资，比较少的投入就能带来巨大的回报。

- 为自己构建一种高效专注的精神世界，让自己快速进入到一种全心投入、乐在其中，甚至有点"入迷"的状态，也就是心流状态，帮助自己屏蔽外界的干扰。

- 当难以避免被打扰的时候，能够快速抽身于被干扰的状态，让自己快速回到当前任务，恢复专注状态。

接下来的内容，我将分别具体介绍这 3 点。

## 5.3.2　空间重构：5 个维度优化去除环境干扰源

环境可以塑造人，可以极大地影响学习效率和注意力，如果要提升屏蔽力，对学习空间的设置或重构至关重要。虽然注意力取决于内在因素，但外部环境同样扮演着重要的角色。通过优化环境，我们可以更容易地进入心流状态，从而提升工作和学习效率。

优化环境可以分成 5 个方面。

### 1. 创建专属的学习区域

首先，选择一个适合学习的固定区域。这个地方应该是能让你感觉舒适并长时间保持专注的地方。一把舒适的椅子和适当高度的桌子可以帮助你维持良好的坐姿，减少学习时的疲劳感。

学习区域与休闲区域要明确区分开。学习区域只用于学习和相关活动。例如，避免在学习区域吃饭、看电视或进行其他休闲活动。这样做可以在心理上帮助你一进入这个区域就自动切换到学习状态。

确定学习区域后，接下来可以个性化这个空间：你可以挂上一些鼓舞人心的画作或励志海报，这些视觉元素可以激励你保持学习的动力；可以添加一些绿植，这样能美化你的学习空间，净化空气，创造一个舒心、舒适的学习环境。

在这个专属的学习区域建立一种日常学习规律。例如，每天在这个区域学习要有固定的时长，逐渐地，你的意识和身体会被训练成一坐下来就能快速进入学习状态。

## 2. 减少视觉干扰

一个乱糟糟的桌面不仅影响你的心情，而且可能导致你注意力分散，因为你的眼睛和大脑会不断被周围的杂物所吸引。所以要保持学习空间内的整洁，及时清理学习区域的杂物，比如不用的图书、散乱的纸张和其他与学习无关的物品。

书架要保持整齐，书架上摆放的课本和参考资料最好方便你随时取用。学习区域里的学习物品（如笔记本、课本、文具等）要整齐地摆放，分类清楚。可以使用文件夹、书架或抽屉等工具来规整学习物品。

为了保证学习物品始终有序，要定期整理，不要把时间浪费在寻找物品上。

良好的照明对于保持专注和避免眼睛疲劳非常重要。如果可能，学习时选择自然光照明，可以坐在靠近窗户的位置。自然光不仅对眼睛温和，还对情绪有好处。

如果依赖人工照明，选择不会产生刺眼光线或阴影的台灯，蓝光危害等级低，通常提供更均匀、更柔和的光线，并且可以调节亮度和色温，照明时直接照射到学习区域，避免光线直接进入眼睛或在学习区域产生阴影。

### 3. 控制声音干扰

如果你处于一个有噪声的环境中，例如家里有弟弟、妹妹玩耍的声音或邻居正在进行装修，可以为自己准备一副耳塞或降噪耳机。可以与家人沟通，让家人在你学习的时候减少噪声。

有的同学可能发现，在学习时听一些轻柔的音乐或白噪声（如雨声、风声等自然的声音）有助于集中注意力。

这类音乐或声音可以在背景中播放，以提供一个更舒适的学习环境，同时也可以帮助掩盖干扰性的噪声。但这种方式不一定适合所有人。

### 4. 管理数字干扰

学习的时候要限制自己使用电子设备。电子设备（如手机、平板等）是学习时的主要干扰源之一。学习时将手机设置为勿扰模式可以防止来电、短信和应用通知的干扰。

我自己的做法是将所有电子设备放置在视线之外。这样做可以防止被电子设备干扰，帮助自己将精力集中在学习上。

### 5. 舒适的物理环境

学习环境的温度对注意力和学习效率有着一定程度的影响。太热或太冷的温度都容易分散你的注意力。尽可能保持室内温度在一个舒适的范围（通常是介于20℃～25℃），可以帮助你保持专注和舒适。如果可能的话，使用空调或暖气来调节室内温度。

良好的通风换气对于创造舒适的学习环境同样重要。新鲜空气可以减少困倦感，增加大脑的氧气供应量，从而帮助你保持清醒和专注。如果处在封闭的学习环境中，记得定期开窗通风，或者可以使用空气净化器来保持空气清新。

## 5.3.3 铜墙铁壁：进入心流，构筑强大心理城墙

你在学习中有没有过这样的体验：完全沉浸在当下的任务中，仿佛时间停滞，周围的一切干扰都消失了。

这就是心流状态，由匈牙利籍心理学家米哈里·契克森米哈赖（Mihaly Csikszentmihalyi）提出。心流是一种注意力高度集中的状态，是一种全心投入、乐在其中，甚至有点"入迷"或"忘我"的状态。在心流状态中，我们既能做到专注，又会体验到一种深深的满足感和成就感。但如今社会中频繁的干扰和琐事往往让我们难以

进入这样的状态。

米哈里·契克森米哈赖在研究心流的时候，表现出了极高的注意力和屏蔽力。他通过观察、实验和深入的学术研究，花了数年的时间来探究这一心理状态。他阅读了大量的研究文献，进行严谨的数据分析，并撰写论文。

他说，在进行这些工作的时候，他本人就常常进入心流状态，完全屏蔽掉外界的干扰，全心全意地投入到研究中。他本人在学术上的突破也正说明了心流状态对脑力活动的价值。

屏蔽力和心流状态是相辅相成的关系。屏蔽力可以为进入心流状态创造条件，进入心流状态也可以提升屏蔽力。

一旦掌握了进入心流状态的技巧，你将会发现，学习变得轻松，外界干扰减少，学习效率将会大幅提升。

要进入心流状态，除了创造理想的学习环境，尽可能减少来自外部的干扰，还可以采取以下策略。

### 1. 避免超负荷学习

长时间持续学习容易使我们感到疲惫，我们的注意力和效率都会受到影响，也会削弱我们进入心流状态的能力。因此，要想进入心流状态，需要保持充沛的能量才行。

超负荷学习会让我们的大脑难以集中精力，因此在学习过程中要时刻注意保持学习和休息时间的平衡，既要保证每天的学习时间，又要给自己足够的休息时间，以便在学习时保持最佳状态。

## 2. 有学习目标且难度适中

制定一个清晰的学习目标和行动计划，设定时间段和期限，有助于培养注意力和行动力。如果大脑不知道接下来具体要做什么，不知道时间的边界，不知道预期达到的结果时，很可能形成一种思想障碍，从而形成内部干扰。

难度适中的任务，让人进入心流状态的可能性比较大。如果当前学习的知识太难，可能让人望而却步，或者因为难以理解，完全摸不着头脑，而选择放弃注意力。太简单的知识同样也难以引起兴趣。

## 3. 专注于当下具体的任务

单一的任务往往更容易让人进入心流状态。如果短时间内在两种行为之间来回转换，则很容易分心。在一段时间内，最好选择一种具体的学习行为，例如写一篇英语作文，做一道数学题，做一个物理实验，等等。

开始处理任务前，通过短暂的冥想或深呼吸练习，我们能够达到一种平静专注的状态。这种状态有助于我们在学习过程中更好地集中注意力。

### 4. 创造性输出和应用

只是一味被动地接受书本知识属于被动学习，尝试将所学知识输出是主动学习。主动学习更容易进入心流状态。这种主动输出可以是口述的，可以是书面的概括总结，也可以是用图形化工具呈现出来的。通过创造性的输出方式，我们能够更好地巩固所学知识，加深理解，并为后续学习提供一个清晰的框架。

除了将所学的知识输出外，将知识应用到现实问题中同样是进入心流状态的一种有效方式。例如，做练习题，进行实验等学习方式也有助于加速我们进入心流状态，同时也能提升我们对知识的理解和应用能力。

### 5. 找到属于自己的最佳方式

一般来说，在一天中状态曲线处在最高点的时刻更容易进入心流状态，有的人可能在早上刚起床时，有的人可能在晚上睡前。我们可能需要花些时间去探索和发现适合自己进入心流状态的最佳时间。

在进入心流状态的方式上，有的人通过深呼吸和冥想就可以轻松达到心流状态，有的人则需要用到一些工具，例如番茄工作法或其他时间管理技巧。每个人进入心流状态的方式有所不同，适合别人的方式，不一定适合你。

要让自己更容易进入心流状态，我们可以持续不断地练习和尝试不同的方法，从中发现哪种方式最能让自己进入专注、全神贯注的状态。

如果你发现自己状态不佳，怎么努力也还是很难进入心流状态，可以休息一下，让自己放松，或者接受自己不在心流状态，但却不影响自己学习。

### 5.3.4　中断调整：3招快速从干扰中恢复专注

有时候就算我们再努力防止自己不被打扰，思绪也还是可能会被各种情况打断。这种可能来自外部（例如环境噪声、人的干扰）或者来自内部（例如杂念、情绪波动）。

当我们的思绪被打断，不要烦躁，我们要意识到这也是我们学习过程中不可避免的一部分。

被打断不可怕，关键是学会如何快速、有效地从中断中恢复。要从被打断的状态下重构注意力，我们可以这么做。

**1. 深呼吸和放松身体**

当注意力受到干扰时，我们可以先暂停一下，闭上眼睛，进行几次深呼吸。

除了深呼吸，还可以让身体放松。比如，可以先从脚开始，逐渐放松身体的每一部分，直到头部。

**2. 短暂的休息**

当发现自己被打断，索性休息一下，给自己 5 ~ 10

分钟的时间来调整恢复。在休息期间进行轻松的活动，如伸展运动、短暂散步或做一些舒缓的体操。如果可能的话，短暂地改变环境也是一个好办法。比如，从书桌前走到窗边，观察外面的景色。

### 3. 视觉或听觉调整

有时候，看一些有激励效果的图片或安静祥和的画面可以帮助我们调整心情，例如可以是励志标语或自然风景等任何让自己感到鼓舞和舒适的视觉信息。

有时候，听一段舒缓的音乐或自然的声音也能帮助恢复注意力，例如轻音乐或白噪声可以减少思维干扰，帮助集中精力。

通过以上方法，我们可以有效地从干扰中恢复出来，重建注意力。这些技巧可以帮助我们在多任务和多干扰的环境中保持专注和高效。

除了重构注意力之外，对学习过程中不可避免的中断和干扰，培养弹性思维和适应能力也是一项重要策略。如果干扰和打断在所难免，与其尝试避免，不如学着接受。

我高中的时候住校，当时宿舍里有个女生的作息时间和我完全不同。她每天晚上睡得很早，而且睡着后打呼噜的声音很大。而我还没有困意，想利用这段时间继续复习。她的呼噜声对我的影响很大，让我难以专注。

刚开始我和她沟通，希望她改变作息。但她的生物钟就是早睡早起型。她已经习惯了早晨起来复习，让她为了我改变自己的生物钟或作息不现实。

接着我试过多种方法，像戴耳塞和降噪耳机，但效果甚微。当我的努力起不到效果的时候，一度情绪崩溃，想要大哭。后来我强迫自己平静下来，既然改变不了环境，那就尝试改变自己，适应环境。

刚开始的几天很艰难，慢慢地，我竟然逐渐适应了这种环境。说呼噜声对我一点影响是假的，但我逐渐掌握了与呼噜声"共存"的技巧，比如既然难以专注，那就做一些不需要高专注度的练习、整理笔记。我发现在这种环境下，输出式的学习更容易进行，输入式的学习则比较容易受到影响。

这段经历让我意识到人的适应能力是非常强大的。我这个原本对声音很敏感的人，竟然也能在呼噜声的环境中保持专注。

弹性思维和适应能力是一项重要的技能，它不仅能帮助我们提高学习效率，取得好的学习成绩，还能为我们未来的生活和职业发展打下坚实的基础。

弹性思维和适应能力也可以帮助我们确定和消除干扰源。首先我们要意识到干扰。有的同学可能已经走神了好久，自己却没有意识到。我们在学习的时候要做到自我监控，关注自己的行为和注意力。如果条件允许，可以每天记录自己被干扰的次数。

如果某个物品经常造成你注意力分散，如手机或电子设备，建议将其放在视线之外，或者可以设定规则，在学习期间不使用手机。

除了减少外部干扰外，也要管理好内部干扰。当感觉到内心有杂念或情绪波动时，可以通过正念冥想或深呼吸，学会观察自己的思维和感觉，不被它们所左右。

要提升自己的抗干扰能力，可以在学习过程中故意安排一些小干扰，如间歇性的噪声。也可以有计划地做一些中断练习，例如每周在学习时段内预设一些特定的中断事项。在这些模拟中断发生时，尝试使用各种技巧恢复注意力，看哪种方式更适合自己。

# 结语：用行动迈向高效学习之旅

学习之旅就像是在茫茫大海中航行，学习方法犹如指南针，引导我们驶向知识的彼岸。前文讲了那么多学习方法、策略和技巧，就像远航前研究地图和路线。

看了那么多，懂了那么多，不要忘了最重要的一点：扬帆起航！

真理隐藏在行动的深处。

知识的种子，只有在行动的土壤中才能生根发芽。

我们可以拥有最先进的航海图和最精准的罗盘，但如果不解开缆绳，不让船只触碰波涛，那么一切学习方法都只是纸上谈兵。

千万不要只是站在岸上凝视远方，畏惧想象中的惊涛骇浪，要勇敢地跨入这片波澜壮阔的大海。

每一次练习，每一次尝试，哪怕只是微小的一步，都是通向知识殿堂的升级之路。

每一次奋力划桨，每一次乘风破浪，都将把我们引向更广阔的天地。

开始行动吧，让我们的智慧在实践中绽放。在行动中，我们将遇见真正的自己，也将在求知之旅中，找到属于自己的星辰大海。